A REVOLTA NAS RUAS

JUNHO DE 2013 NO BRASIL

edição brasileira©   Circuito 2023

organização da coleção   Acácio Augusto
coordenação editorial   Renato Rezende
edição   Suzana Salama
editor assistente   Paulo Henrique Pompermaier
preparação   Ingrid Vieira
projeto gráfico   Ronaldo Alves
iconografia da capa   Lourdes Guimarães
imagem da capa©   Getty Images
ISBN   978-65-86974-45-4

conselho editorial   Amilcar Parker,
Cecília Coimbra (TNM/RJ e UFF),
Eduardo Sterzi (UNICAMP),
Heliana Conde (UERJ),
Jean Tible (DCP/USP),
João da Mata (SOMA),
Jorge Sallum (Hedra),
Margareth Rago (Unicamp),
Priscila Vieira (UFPR),
Salvador Schavelzon (UNIFESP),
Thiago Rodrigues (UFF)

*Grafia atualizada segundo o Acordo Ortográfico da Língua
Portuguesa de 1990, em vigor no Brasil desde 2009.*

*Direitos reservados em língua
portuguesa somente para o Brasil*

EDITORA CIRCUITO LTDA.
Largo do Arouche, n. 252, apto. 901
São Paulo-SP, Brasil
CEP 01219-010
editoracircuito.com.br

Foi feito o depósito legal.

A REVOLTA NAS RUAS

Matheus Marestoni

1ª edição

hedra
São Paulo   2023

▷ **A revolta nas ruas** apresenta o resultado de um estudo histórico-político sobre como se configuraram e se reconfiguraram as forças em luta durante as chamadas Jornadas de Junho de 2013. Os relatos aqui expostos foram escritos em meio aos estilhaços de vidro e a neblina das noites repletas de gás lacrimogêneo e fumaça das barricadas com fogo que travaram as ruas e avenidas da floresta de concreto e aço chamada São Paulo.
▷ **Matheus Marestoni** é anarquista e integrante do LASINTEC, o Laboratório de Análise em Segurança Internacional e Tecnologias de Monitoramento (EPPEN–UNIFESP).
▷ **Peter Gelderloos** é militante anarquista nascido nos EUA e que hoje mora na Catalunha, autor de *Como a não-violência protege o Estado*, entre outros livros e ensaios sobre as lutas anarquistas hoje.
▷ **Facção fictícia** é um grupo anônimo que atua em território dominado pelo Estado brasileiro promovendo vandalismo, depredação e análise.

Sumário

Prefácio, *por Peter Gelderloos* 9
Apresentação, *por Matheus Marestoni* 17
A REVOLTA NAS RUAS. .25
Junho e o autonomismo 27
Movimento Passe Livre, o autonomismo e os anarquismos..... 41
O medo da cólera da revolta............................... 67
Neoliberalismo, democracia e assimilações.................. 99
Mapa de um enfrentamento.............................. 119
Bibliografia... 141

Posfácio, *por Facção fictícia*............................... 145

A COLEÇÃO ATAQUE *irrompe sob efeito de junho de 2013. Esse acontecimento recente da história das lutas sociais no Brasil, a um só tempo, ecoa combates passados e lança novas dimensões para os enfrentamentos presentes. O critério zero da coleção é o choque com os poderes ocorrido durante as jornadas de junho, mas não só. Busca-se captar ao menos uma pequena parte do fluxo de radicalidade (anti)política que escorre pelo planeta a despeito da tristeza cívica ordenada no discurso da esquerda institucionalizada. Um contrafluxo ao que se convencionou chamar de onda conservadora. Os textos reunidos são, nesse sentido, anárquicos, mas não apenas de autores e temas ligados aos anarquismos. Versam sobre batalhas de rua, grupos de enfrentamento das forças policiais, demolição da forma-prisão que ultrapassa os limites da prisão-prédio. Trazem também análises sobre os modos de controle social e sobre o terror do racismo de Estado. Enfim, temas de enfrentamento com escritas que possuem um alvo.*
O nome da coleção foi tomado de um antigo selo punk de São Paulo que, em 1985, lançou a coletânea Ataque Sonoro. Na capa do disco, dois mísseis, um soviético e outro estadunidense, apontam para a cidade de São Paulo, uma metrópole do que ainda se chamava de terceiro mundo. Um anúncio, feito ao estilo audaz dos punks, do que estava em jogo: as forças rivais atuam juntas contra o que não é governado por uma delas. Se a configuração mudou de lá para cá, a lógica e os alvos seguem os mesmos.
Diante das mediações e identidades políticas, os textos desta coleção optam pela tática do ataque frontal, conjurando as falsas dicotomias que organizam a estratégia da ordem. Livros curtos para serem levados no bolso, na mochila ou na bolsa, como pedras ou coquetéis molotov. Pensamento-tática que anima o enfrentamento colado à urgência do presente. Ao serem lançados, não se espera desses livros mais do que efeitos de antipoder, como a beleza de exibições pirotécnicas. Não há ordem, programa, receita ou estratégia a serem seguidos. Ao atacar radicalmente, a única esperança possível é que se perca o controle e, com isso, dançar com o caos dentro de si. Que as leituras produzam efeitos no seu corpo.

ACÁCIO AUGUSTO & RENATO REZENDE

Prefácio
Voltar às ruas

PETER GELDERLOOS

Quando começaram a chegar as primeiras notícias e comunicados da revolta ocorrida no Brasil, estávamos em um momento particular, tanto na Catalunha, onde moro, como no mundo em geral. As longas décadas de paz social — de obediência, de expansão agressiva do capitalismo, de ascensão do poder estatal e de quase desaparecimento das lutas revolucionárias — viram algumas interrupções isoladas, como Oka (1990), Los Angeles (1992), Chiapas (1994), Argentina (2001), mas de fora era difícil saber seu verdadeiro significado. Mais tarde, alguns anos de protestos no meio do caminho entre a batalha e o espetáculo foram interrompidos pela chamada Guerra ao Terror, a oposição submersa às grandes plataformas pacifistas e as resistências rapidamente superadas por organizações jihadistas que faziam o papel de malvados dentro de filmes vendidos por governos dominantes.

Porém, logo começaram a brotar revoltas fora do controle de qualquer partido ou proto-Estado. Elas tinham uma organização antiautoritária e com horizontes, ao menos em partes, revolucionários. Revoltas na França em 2005 e 2006, uma insurreição em Oaxaca em 2006, a insurreição na Grécia em 2008, as revoltas em países árabes em 2011, grandes confrontos na Turquia em 2013 e a guerra contra a indústria petrolífera na Nigéria no mesmo ano.

Na Catalunha, em 2010 e 2012, recuperamos a prática de greves combativas capazes de parar toda a sociedade, incontroláveis pelos sindicatos *pelegos*[1] e pela polícia. Participamos do movimento das praças e superamos os chamados *indignados* na sua tentativa de impor o pacifismo e o esquecimento em troca de reivindicações democráticas superficiais. Incentivamos ocupações massivas para recuperar a ferramenta das assembleias, mas livres da centralização burocrática. Nos descentralizamos, voltamos aos bairros, para que nenhum partido pudesse nos controlar. Falamos da vida cotidiana, olhamos para os problemas da sobrevivência no capitalismo, mas dentro de marcos solidários, comunitários e de ação direta (quando antes nos limitávamos a marcos mais restritos dentro de pequenas bolhas autônomas, úteis para os jovens que haviam se autolibertado, mas inacessíveis para muitos mais pessoas). Abrimos os temas da saúde, do transporte e da moradia, para ver se sempre seriam feudos das ONGS ou preocupações exclusivas de militantes sinceros e míopes de curto prazo, ou se poderíamos responder a essas necessidades de forma subversiva, transformadora, revolucionária.

As assembleias de bairro ajudaram na organização da greve geral seguinte, em março de 2012, e as forças da ordem — tanto a polícia quanto os sindicatos *pelegos* — perderam totalmente o controle das ruas e das massas. Depois dessa jornada, da paz social não restou nem as cinzas.

O tempo passou e continuamos esperando, nos organizando, continuamos em mil pequenas lutas. Não ficou evidente se esse surto que havia atravessado o planeta era o sinal de que o fim da história, do domínio absoluto projetado pelos Estados desde os anos 1990, era ilusória ou se a onda de resistência já havia rompido e já havíamos alcançado nosso capacidade máxima de frear uma máquina imparável.

De longe, os movimentos sociais no Brasil pareciam bastante institucionalizados por várias plataformas e partidos de esquerda, tal como acontecera na Argentina e na Bolívia, locais de algumas das mais potentes revoltas da década anterior. Então, quando uma

---

1. *Sindicatos amarillos*, no original.

das principais cidades do maior país da América do Sul explodiu em uma grande revolta em junho de 2013, fomos encorajados em muitas outras partes do mundo onde parecia que a onda de luta já estava diminuindo. Que nós, pessoas excluídas, marginalizadas, exploradas, oprimidas e governadas, tínhamos mais coisas a dizer antes de desaparecer. Assim foi, de fato. Em quase todo o planeta, as revoltas populares voltaram com mais força, com mais fúria e com perspectivas revolucionárias mais explícitas, mais evidentes.

Em Barcelona, no ano de 2014, ocupamos todo um bairro por uma semana inteira, driblando a polícia todas as noites e às vezes durante o dia também, até que a prefeitura conservadora teve que quase pedir perdão e frear seu urbanismo acelerado que respeitava nada além do turismo e a especulação imobiliária. Logo, a previsível entrada da esquerda, desta vez com um partido que veio realmente da base, dos movimentos sociais, conseguiu institucionalizar grande parte do movimento de moradia. No entanto, a resistência contra os despejos, a defesa dos espaços autônomos, continuou. No primeiro ano da pandemia de Covid-19, se espalhou uma proposta de greve de aluguéis, baseada em nossa história revolucionária e nosso horizonte de abolição da propriedade, nossa reivindicação de que as *casas são de quem as habita*. Os ativistas profissionais bloquearam a proposta em grande parte do país, mas ela teve muito êxito onde pôde ser desenvolvida e milhares de pessoas conseguiram rejeitar os ricos que pretendiam ser seus donos. E assim, entre derrotas e pequenas vitórias, seguimos aprendendo e comunicando o que aprendemos.

As revoltas se comunicam entre si. As ondas sísmicas atravessam todo o planeta, contornando fronteiras e nacionalismos para se retroalimentarem entre uma luta e outra, embora as condições em que nascem sejam tão diferentes. Assim, pouco a pouco, estamos construindo horizontes compartilhados de uma liberação compartilhada, pois a máquina que nos oprime é global, embora implante mecanismos muito variados de um território para outro.

Por isso livros como este volume são tão importantes, eles formam uma parte desta comunicação. Não dos terremotos que cruzam fronteiras em um segundo, incentivando mais revoltas, mas a parte mais cuidadosa e elaborada de nossa comunicação solidária, aquela que precisamos aprender, lembrar, fincar raízes mais profundas nos momentos entre as explosões.

Uma noção muito importante, que não deveria ser subestimada, é o de memória histórica. Ela não faz parte da consciência coletiva e da análise compartilhada dos movimentos sociais de muitos territórios, como no caso dos países de língua inglesa. É uma introdução recente, proveniente de textos traduzidos do italiano, castelhano e catalão. E é por isso que esses países são tão amnésicos, eles esqueceram tantas histórias potentes de luta e resistência. Se partirmos de apenas dois ou três anos de memória, bem, as propostas dos progressistas reformistas acabam por não parecerem tão absurdas. *Voto? Por que não? Falar com esses ricos, esses políticos, para ver se eles são capazes de cair em si como qualquer outro humano? Vamos tentar!* Sem saber que o testam há séculos e sempre obtém os mesmos resultados.

A memória histórica é a afirmação de que a história não é uma entidade objetiva, ela não existe independente de nossas intervenções, e se nós, de baixo, queremos ter história, temos que contá-la com nossas próprias memórias compartilhadas e coletivas. Ninguém fará esta tarefa por nós.

Embora esteja mais forte, mais presente em alguns territórios do que em outros, temos que nutrir e fortalecer a memória histórica em todos os lugares, não apenas porque é uma tarefa contínua, mas porque em meio a toda violência da repressão, todas as ondas de colonialismo que não param de percorrer o planeta, cavando cada vez mais fundo em sua ânsia de minar tudo e controlar tudo, todas e todos nós esquecemos quem somos e de onde viemos, em um grau ou outro. Duzentos anos de memória de lutas é muito, é poderoso, mas não é suficiente para nos lembrar das bases desse sistema que combatemos.

Há trabalhos de memória histórica que buscam essas raízes e há outros que trabalham em um plano mais recente, porque a amnésia social do capitalismo e da democracia aparecem rapidamente.

Como foi triste ver que muitas pessoas jovens na rua em uma revolta antirepressiva no início de 2021 não sabiam quase nada dos combates que travamos em 2012 e 2014, sobre os golpes repressivos daqueles mesmos anos!

PREFÁCIO

Não há necessidade de perder tempo resgatando a memória histórica. Embora o espaço mais importante e fértil para a memória de nossas lutas seja a rua, os livros também são uma contribuição efetiva. Em grande parte, porque os livros buscam uma precisão teórica, elemento central do presente volume.

A teoria é uma arma imprescindível para a luta revolucionária, mas se somos anarquistas, se acreditamos que a teoria deve sempre partir da prática e não pode se tornar uma pura abstração, é preciso sempre colocar nossa teoria em conversa com as experiências históricas, com os combates experimentados na própria carne.

Já é útil lembrar que lutamos. Que tal dia saímos às ruas e fizemos tudo o que podíamos para derrotar essa máquina de opressão. Essa memória já vence a paz social, o engano que nos diz que esse sistema existe para nos proteger. Mas somos ainda mais fortes quando nossa memória também inclui avaliações estratégicas e táticas. *Ganhamos esse dia por x razão. No final não conseguimos sustentar nossas forças ou eles nos integraram e pacificaram o movimento porque não podíamos fazer y.*

Um movimento, um povo, uma turba, um submundo — dependendo do caso — que tenha essa memória analítica e estratégica terá sabedoria combativa e vencerá desafios cada vez mais importantes. É também por isso que quero acrescentar o meu ânimo e entusiasmo a este livro, pelo modo como ele constitui um projeto de luta em si mesmo.

Uma certeza que — penso eu — geralmente emerge dessas experiências de luta é a importância da sobrevivência. À primeira vista, essa afirmação pode parecer óbvia demais, mas a realidade é que quando nossa crítica social é tão total que não há nada a ser salvo, esquecemos que a sobrevivência em uma sociedade anárquica — que seria comunal, compartilhada, abundante, alegre — pouco tem a ver com sobrevivência na sociedade atual, atomizada, competitiva, miserável, escassa e indireta, no sentido de que somos obrigados a fazer muitas coisas totalmente separadas da vida para conseguirmos sobreviver.

Se realmente nos importamos com a sobrevivência, isso significa prestar atenção à sua condição atual em todos os seus detalhes. A sobrevivência não pode existir apenas no ideal, ela existe no que foi vivido. É por isso que quase todas as revoltas importantes das últimas décadas começaram com pequenas reivindicações que não abarcam uma crítica da totalidade social, que muitas vezes pedem ao Estado que faça isso ou não faça aquilo. Uma análise completa, uma memória histórica profunda, nos evidencia que o Estado não é compatível com a sobrevivência mútua e digna.

Porém, uma atenção detalhada à história das lutas, à presença de descer do ideal para lembrar que também somos pessoas com as mesmas necessidades de sobrevivência, revela-nos que quase não há lutas reformistas por si só, mas há modos reformistas e revolucionários de participar das lutas. Eu diria que uma consciência revolucionária só pode se desenvolver quando nos aproximamos de um conflito social e começamos a ligar os pontos até mostrar para nós e para todas as outras pessoas que tudo está conectado, que não há solução para a precariedade apenas olhando os preços do transporte público, se não o relacionamos também com o planejamento urbano e com o porquê precisamos ir trabalhar e, portanto, com quem projeta e controla os territórios em que vivemos e quais efeitos seu controle tem em nossas vidas, na vida das pessoas, na saúde de todo o planeta. Mas não chegaremos a essas outras questões importantes — de modo concreto e não abstratamente — se não nos aproximarmos do conflito para começar a ligar os fios.

A esquerda institucional deriva seu poder de um esforço constante para não permitir que todos esses conflitos se conectem e comecem a assumir uma consciência coletiva. Esforçam-se para que a raiva social não vá além de reformas limitadas e consciências atomizadas. É uma forma de profissionalizar a luta. Mas também existe outro caminho: o do purismo, de não se aproximar de lutas que não nascem perfeitas, já cientes de todos os passos que terão de dar para alcançar uma vitória real. A partir desse purismo, somente as pessoas mais iluminadas saberão definir a guerra.

Para mim, parece mais interessante, mais real, nos embrutecermos, termos as mãos na lama e participarmos da expansão coletiva de uma consciência revolucionária. Alguns de nós já sabiam que não se tratava do custo exato do transporte público ou das eleições ou do preço do aluguel, mas de coisas muito mais transversais e profundas. Já sabíamos sobre o capitalismo, o patriarcado, o colonialismo, o Estado. Diante de inimigos tão grandes, tão milenários, é fácil perder a importância de uma margem de exploração mais ou menos estreita. Entretanto, infelizmente, vivemos e morremos dentro dessas margens. E não conheço ninguém — e eu me incluo nisso — que tenha participado de uma dessas lutas que começaram humildes e depois explodiram, que não se transformou, que não aprendeu inúmeras coisas sobre a luta, embora tenham começado já sabendo definir o inimigo, como fazer uma crítica total e radical.

Por tudo isso, saúdo a coragem de todas as pessoas que saíram às ruas no Brasil, mais especificamente em São Paulo, naquele junho de 2013, saúdo o trabalho e a lucidez dos companheiros que analisaram a experiência para compartilhar a memória e tirar leituras úteis para lutas futuras, e eu encorajo vocês — aqueles que têm o livro agora em suas mãos — a ler, pensar, compartilhar. E voltar às ruas.

Apresentação
A memória das lutas

MATHEUS MARESTONI

Na tormenta respira-se mais facilmente.

BAKUNIN

As revoltas de Junho anunciaram o ingovernável e reacenderam o fogo do anarquismo no território atualmente conhecido como Brasil. Após dez anos, ainda é difícil comentar sobre aquele mês, devido tanto à sua proximidade no tempo histórico, quanto ao fato de que seus efeitos continuam sendo fonte de produção de saber. Muitas vezes a produção massiva sobre um acontecimento acaba por engolir detalhes importantes, à primeira vista sutis, irrelevantes, mas que servem para evidenciar os enfrentamentos das forças envolvidas. Não há a pretensão de narrar uma versão única sobre Junho, nem apontar o ocorrido como causa direta e única de situações que passamos nos últimos anos. As lutas que ocorreram naquele mês foram múltiplas, com forças específicas e variadas nos diferentes territórios. Em alguns deles, a jornada se alongou mais, em outros foi mais curta. Portanto, não é possível traçar uma única narrativa sobre o tema. O que este texto busca é deixar nas mãos de quem lê não uma História centrada no sudeste, mais especificamente São Paulo, mas fazer uma contribuição para se somar às várias publicações sobre o tema escritas a partir de outros territórios. Enfim, busca-se aqui contribuir para a memória das lutas.

Esta pesquisa se afasta do trajeto tradicional dos politólogos e historiadores de reescrever a história de maneira linear ou dialética que se propõe a encontrar uma síntese, com a busca pelas relações de causa e efeito. Tampouco instaurar uma Verdade sobre esse *acontecimento*. Assim, durante a produção deste texto, buscou-se trilhar um caminho em meio à *poeira e gases das batalhas*, tendo as análises de Michel Foucault (2014; 1992) sobre a contra-história como referências, pois apontam para a construção de um *percurso metodológico* ou uma *atitude teórica-política* afastada de hipóteses estabelecidas *a priori* a serem provadas ou refutadas. Apresenta-se aqui o resultado de um estudo histórico-político sobre como se configuraram e se reconfiguraram as forças em luta durante as chamadas Jornadas de Junho de 2013. O objetivo foi o de diagnosticar as mudanças nas estratégias e seus efeitos na governamentalidade, entendida aqui na chave *foucaultiana* como os mecanismos e procedimentos destinados a conduzir as pessoas e suas condutas.

A análise genealógica aqui realizada estabelece um acoplamento dos conhecimentos considerados eruditos, dos saberes de Estado, como os produzidos pela ciência política, com as memórias locais para constituir a memória dos combates. Buscou-se "dessujeitar os saberes históricos e torná-los livres, isto é, capazes de oposição e de luta contra a coerção de um discurso teórico unitário, formal e científico" (FOUCAULT, 2016, p. 11). Nesse sentido, não há busca pela legitimidade ou pela origem, pois entende-se não existir um ponto zero de onde tudo parte. A pesquisa que busca a origem se esforça para recolher nela a essência exata da coisa, sua mais pura possibilidade, sua identidade cuidadosamente recolhida em si mesma, sua forma imóvel e anterior a tudo o que é externo, acidental, sucessivo. Procurar uma tal origem é tentar reencontrar 'o que era imediatamente', o 'aquilo mesmo' de uma imagem exatamente adequada a si; é tomar por acidental todas as astúcias, todos os disfarces; é querer tirar todas as máscaras para desvelar enfim uma identidade primeira (FOUCAULT, 1992, p. 17).

Os relatos aqui expostos foram escritos em meio aos estilhaços de vidro e a neblina das noites repletas de gás lacrimogêneo e fumaça das barricadas com fogo que travavam as ruas e avenidas da floresta de concreto e aço chamada São Paulo. Algumas questões foram abandonadas propositalmente devido ao excesso de material produzido, seja por companheiros pesquisadores ou por cientistas políticos e jornalistas desesperados por contar uma história sobre Junho. As que se mantiveram não são uma análise individual e nem um devaneio intelectual de um "livre-pensador". O que se buscou foi trazer uma análise comprometida com os enfrentamentos, as lutas contemporâneas acerca das *ações diretas* anarquistas, da democracia e do autonomismo a partir das procedências e dos efeitos histórico-políticos das Jornadas de Junho de 2013 no Brasil, mais especificamente em São Paulo.

Aquilo que vivemos no decorrer dos tempos torna-se uma cicatriz em nosso corpo, não em um sentido nostálgico ou idealizador de um retorno ao que passou, mas afeta diretamente nosso olhar sobre a pesquisa e sobre a própria vida. Apesar desta ser uma pesquisa assinada por uma pessoa só, não é possível dizer que ela possui uma única autoria. Nenhuma análise surge do vácuo, de um ponto zero. Teses e artigos, comunicados de grupos envolvidos nos enfrentamentos de 2013, textos publicados em blogs, manifestos, panfletos, boletins, pixações e músicas cantadas e tocadas durante as manifestações foram utilizados de maneira não hierárquica, porque todos, sem graus de importância, reinscrevem as práticas discursivas nas estratégias das forças em luta. Muitos dos comentários, levantamentos e análises aqui presentes são resultados de inúmeras conversas com *compas*, discussões, debates, muitos deles acabados em confusão, outros tantos ainda em aberto, continuados em manifestações, salas de aula, praças, corredores ou mesas de bar.

QUATRO MOMENTOS DE JUNHO

Este texto é dividido em quatro momentos: o primeiro deles, intitulado "Junho e o autonomismo", trata das procedências do autonomismo contemporâneo no Brasil, que transbordou durante as Jornadas de Junho de 2013, quando as ruas das cidades brasileiras foram tomadas por atos contra o aumento da tarifa nos transportes coletivos.

Nesse acontecimento, o que começou como uma jornada organizada pelo Movimento Passe Livre (MPL) se tornou uma revolta que ocupou as ruas por 13 dias na cidade de São Paulo. O fogo das barricadas esquentou o clima frio do outono-inverno. É apresentado um histórico das lutas ocorridas naquele mês. No segundo ponto, chamado *movimento passe livre (mpl), o autonomismo e os anarquismos,* são mostradas as procedências do MPL, retomando desde a sua carta de princípios, publicada no Fórum Social Mundial (FSM) de Porto Alegre, em 2005. Entende-se aqui que o autonomismo contemporâneo no Brasil está mais próximo das mobilizações globais de 2011, como o Ocupa Sampa e o movimento dos *indignados* espanhóis, do que propriamente o autonomismo operário italiano da década de 1970 e o autonomismo alemão de 1980. Somado a isso, mostram-se os diferentes posicionamentos existentes em 2013 quanto ao apartidarismo autonomista e a perspectiva antipartidária dos anarquistas que usaram a tática do *bloco negro.* Por uma questão político-metodológica, foi escolhido o uso do termo *bloco negro,* e não *black bloc.* Chamo aqui de *bloco negro* pois o termo *black bloc* transforma a tática em um conceito (universal) e é sobre ele que tanto os policiais fardados quanto os da imprensa categorizam os praticantes como um grupo ou até mesmo uma organização internacional a ser enquadrada e aniquilada. *Bloco negro* é a imagem que aparece visível quando se faz o uso da tática, são os corpos vestidos de negro, uma imagem concreta, que agrupados formam uma mancha no espaço.

Uma noção central para a discussão é a de *ação direta.* Como escreveu a anarquista Voltairine de Cleyre[1] (1866–1912), toda pessoa que planejou fazer qualquer coisa, foi e fez sem apelar para autoridades, pedir licença ou agradá-los, foi um praticante da ação direta. E tais ações podem ser extremamente violentas ou tão calmas quanto as suaves águas dos rios de planície. Essa perspectiva inclui tanto a depredação e expropriação de propriedades estatais ou privadas quanto as ocupações de fábricas e imóveis, a realização de greves e sabotagens, bem como a constituição de relações singulares e comunidades libertárias. Não há uma forma que delimite e estipule uma

---

1. "Ação direta", editorial Desgarra, 2019.

lista de *ações diretas* possíveis, pois elas são infinitas e inesperadas, e podem ser praticadas por qualquer um. Isso inclui uma variedade de ações, que vão desde uma assembleia de vizinhos para debater e resolver problemas locais sem pedir autorização ou exigir tal resolução do Estado por meio de uma política pública, até uma greve geral ou a formação de cooperativas. O exercício da *ação direta* requer somente que as pessoas envolvidas busquem alcançar seus objetivos práticos no presente. É a atitude de se colocar em movimento para lidar com uma urgência, sem mediação ou delegação a um terceiro.

As *ações diretas* que interessam aqui são as praticadas pelos anarquistas, pois estes não as utilizam como um apoio extraparlamentar, mas como a maneira possível de se praticar a anarquia no cotidiano, ou seja, enfrentar as tecnologias de governo, dissolver as hierarquias e expandir as práticas de liberdade. É a prática no aqui e agora em uma luta que não é baseada na procuração ou mediação. Já a ação indireta, mediada e delegada,

destrói a iniciativa, extingue o espírito rebelde individual, ensina as pessoas a confiar em alguém para fazer por elas o que devem fazer por si mesmas; finalmente torna orgânica a ideia anômala de que, reunindo a inércia em conjunto até que uma maioria seja obtida, então, através da magia peculiar dessa maioria, essa inércia deve ser transformada em energia. Ou seja, as pessoas que perderam o hábito de fazer por si mesmas enquanto indivíduos, que se submeteram a todas as injustiças enquanto esperam a maioria crescer, serão metamorfoseadas em humanos altamente explosivos por um mero processo de empacotamento! (DE CLEYRE, 2019, p. 24).

As ações indiretas são fundadas na representação, como os partidos político, nos quais um indivíduo é eleito para *defender os direitos* de todos e de cada um. Acovarda-se no campo de batalhas, escondendo-se atrás de um representante a quem todos devem *respeito* e *obediência*. Esse tipo de submissão é a base das organizações hierárquicas em que as vontades de cada um devem se submeter à vontade geral ou ao programa de um partido, separando as práticas políticas dos pequenos atos da vida cotidiana.

A partir dessas noções, são apresentadas as diferenças entre as contracondutas dos autonomistas e as múltiplas perspectivas do anarquismo sobre as *ações diretas consideradas violentas*, como a depredação de bancos, viaturas e enfrentamentos físicos com policiais. Em Junho, sem buscar legitimidade pelo convencimento da *sociedade civil organizada*, alguns anarquistas, por meio da tática do *bloco negro*, não se submeteram nem às ordens policiais nem às leis, escandalizaram o insuportável da sociedade fundamentada no princípio da autoridade hierarquizada, na relação entre mando e obediência. Provocaram um incômodo nos partidos políticos e nas organizações de direitos humanos, que se prestavam a mostrar indignação com o fato da polícia atacar a *maioria* pacífica e não deterem a *minoria violenta*, com a ajuda da imprensa e das redes sociais.

A tentativa de aniquilação das atitudes contestadoras por parte do Estado e da sociedade não são feitas somente com o uso da violência explicita. A guilhotina, o garrote, a bala e o cassetete, que durante dois séculos cortaram pescoços, enforcaram, estouraram cabeças e marcaram a pele dos anarquistas, considerados como *perigosos* e *anormais*, agora são acompanhadas de uma edulcoração própria da racionalidade neoliberal, da luta pela democracia e dos direitos e da proliferação de identidades. Na contemporaneidade a assimilação é a aniquilação continuada por outros meios. Decorre daí a urgência em realizar uma pesquisa sobre as tentativas e os modos pelos quais as práticas anarquistas são reduzidas a palavras-chave de um discurso democrático sobre a verdade, assunto do segundo momento desta publicação.

Em "O medo da cólera da revolta: criminalizações, alcaguetagens e o discurso dos direitos humanos" é trabalhada a relação direta entre as práticas de delação dos movimentos da chamada esquerda institucional contra os anarquistas, a criação de novas leis e decretos, e o recrudescimento da polícia com treinamentos feitos no contexto pós-junho de 2013 e durante os megaeventos da Copa do Mundo de Futebol da FIFA e os Jogos Olímpicos. Os três movimentos convergem para um objetivo em comum: tentar aniquilar toda e qualquer possibilidade de revolta. É mostrado, também, como a ampliação do discurso dos direitos humanos e da democracia é própria da racionalidade neoliberal, bem como a maneira pela qual o discurso dos direitos humanos se apresenta, na contemporaneidade, indissociável da noção de *segurança*. Apresenta-se como a racionalidade neoliberal procura assimilar o discurso de resistência dos anarquistas, visando pacificar o enfrentamento ao exercício da soberania.

Em "Neoliberalismo, democracia e assimilações" mostra-se a forma como a racionalidade neoliberal estimula assimilações de termos historicamente vinculados ao campo do anarquismo com o objetivo de reformar a democracia, oxigenar o capitalismo, bem como os partidos com coletivos que passam a repercutir o discurso de horizontalidade, visando buscar mais representatividade na política com a criação de novos *protagonistas*. Esse movimento configura o que se chama de *nova política*, sustentada no argumento de crise da democracia e da criação de modelos e atualização de antigos sistemas para salvá-la.

Ao mesmo tempo, as forças vinculadas ao marxismo também passam a englobar práticas libertárias, configurando-se o que se chama de *marxismo libertário*, enquanto certos anarquistas passam a utilizar do léxico marxista clássico, discussão apresentada em "Anarquismo, marxismo e autonomismo", que busca pontuar as diferentes maneiras pelas quais estas três forças se articulam nesse contexto, ressaltando as diferenças entre elas.

Na era dos direitos, da *sociedade democrática*, dos acordos e pluralismos pacificadores, enquanto a *maioria* defende com unhas e dentes o Estado democrático de direito, as *ações diretas insurrecionais* dos anarquistas se mantêm *incapturáveis*, pois atacam não somente os chamados *símbolos do capitalismo*, mas também a propriedade, o princípio da autoridade e a democracia. Desse modo, o último momento, "Mapa de um enfrentamento: entre anarquismos e a democracia", traz um mapeamento das práticas insurrecionais anarquistas nos últimos anos, como explosões, enfrentamentos físicos nas ruas e depredações. Por fim, em "Os anarquistas frente ao teatro dos tribunais" é apresentado o enfrentamento direto dos anarquistas frente aos juízes e tribunais. De bombas incendiárias ao riso corrosivo, os *acontecimentos* mencionados mostram como as lutas anarquistas não se encerram frente aos tribunais, mas se reacendem na insurreição e na insubordinação frente ao sistema penal, aos juízes, aos militares, aos policiais, aos carcereiros, aos democratas e à *sociedade civil organizada*.

A revolta nas ruas

Junho e o autonomismo

A *ação direta* própria dos anarquistas foi e continua sendo praticada por estes no decorrer dos séculos. Assim também ocorreu em junho de 2013, quando a jornada de lutas contra o aumento das tarifas nos ônibus, trens e metrôs tomou as ruas das cidades no Brasil. Durante 13 dias, pessoas tomaram de assalto as ruas da cidade de São Paulo, com grandes manifestações e outras *ações diretas*, como depredações e enfrentamentos com a polícia praticados por alguns grupos anarquistas. Além disso, a batalha com a Polícia Militar se explicitava nas ruas em meio às nuvens de gás lacrimogêneo, vias bloqueadas, barricadas com fogo, balas de borracha, viaturas e carros de empresas de comunicação incendiados, bancos depredados.

Nesse acontecimento, as pedras eram lançadas por corpos mascarados e vestidos de preto. Se no Maio de 1968 francês os paralelepípedos das ruas é que foram arrancados e atirados nas *forças da ordem* durante as revoltas sob a frase de que *embaixo deles havia a praia*, em Junho de 2013 as armas utilizadas eram as pedras portuguesas, que formam os mosaicos históricos das calçadas do Centro Velho paulistano. Não importava se havia ou não praia embaixo do concreto. Os mosaicos da pavimentação das calçadas destruídos tinham como efeito um ataque frontal a séculos de colonização portuguesa com catequizações, extermínios e escravidão. A história marca os corpos e as cidades, as batalhas são visíveis nas construções tombadas, nos edifícios e nos monumentos defendidos pela sociedade civil e pelas forças policiais. Seus fragmentos foram arremessados contra os capacetes dos policiais e contra prédios do Estado, contra as mesmas forças de coerção e extermínio agora redimensionadas enquanto Estado democrático de direito. Caíram também sobre as certezas de que a via institucional era única forma de movimentação.

Entre as várias forças presentes em Junho estavam o autonomista Movimento Passe Livre (MPL); marxistas-leninistas de partidos políticos como o Partido Socialista dos Trabalhadores Unificado (PSTU) e Partido Socialismo e Liberdade (PSOL). Havia uma multiplicidade de perspectivas anarquistas: coletivos e organizações, como a Organização Socialismo Libertário (OASL) e a União Popular Anarquista (UNIPA); canais de informação sobre as perspectivas anarquistas das lutas ocorridas naquele acontecimento, como a Agência de Notícias Anarquistas (ANA) e a Rede de Informações Anarquistas (RIA); pesquisadores anarquistas, envolvidos diretamente com as lutas antiautoritárias, como o Núcleo de Sociabilidade Libertária (NU-SOL), que produziu análises e comunicados singulares e constantes em meio ao fogo de 2013; grupos de afinidades; e anarquistas não vinculados a grupos.

Os tradicionais movimentos sociais alinhados ao Partido dos Trabalhadores (PT), como Movimento dos Trabalhadores Sem Terra (MST) e Movimento dos Trabalhadores Sem Teto (MTST), também estiveram nas ruas, mas com uma participação mínima, visto que na época o partido e outras forças se situaram em aliança para exercer seu mandato no âmbito federal e no município de São Paulo. Como apontou Edson Passetti (2013a), pesquisador do NU-SOL, uma gama de forças ocupou o *meio*, como os militantes do MPL e os partidos políticos de esquerda, enquanto na outra extremidade estavam os chamados *vândalos*, associados, assim como no movimento antiglobalização, à tática anarquista do *bloco negro*. O que começou como uma jornada de lutas contra o aumento nas tarifas de transporte escapou ao controle do governo do Estado e dos movimentos que compunham a organização dos atos, e se tornou, por duas semanas, a explosão de revolta nas ruas das cidades.

As lutas contra o aumento nas tarifas do transporte no Brasil atravessam os séculos. Há registros de manifestações e revoltas ocorridas ao menos desde 1879, quando, no dia 13 de dezembro, os bondes da cidade do Rio de Janeiro foram depredados em resposta ao aumento de um vintém nas tarifas desse tipo de transporte, acontecimento que ficou conhecido como Revolta do Vintém. Em 1959, Negrão de Lima, prefeito da cidade do Rio de Janeiro, que na época era também a capital federal, decretou o aumento de um cruzeiro na tarifa dos bondes e, mais uma vez, ocorreram manifestações com paralisação das vias e depredação de veículos.

Apesar do MPL ter surgido em 2005, durante o Fórum Social Mundial (FSM), em Porto Alegre, sua história remete a dois acontecimentos: a Revolta do Buzu, em agosto de 2003, na cidade de Salvador, na Bahia, e a Campanha pelo Passe Livre, também chamada de Revolta da Catraca, em 2004, na capital catarinense. Na chamada Revolta do Buzu, manifestações travaram as ruas, em Salvador, por três semanas após o anúncio no aumento de R$1,30 para R$1,50 nas tarifas do transporte municipal. Mesmo sem conseguir derrubar o aumento, a jornada se manteve como uma referência para as lutas mais recentes contra a tarifa[1]. No caso da Campanha Pelo Passe Livre, de 2004[2], uma série de atos contra o aumento foram realizados, sobretudo por estudantes secundaristas, durante uma semana e meia. Ao contrário da Revolta do Buzu, em Florianópolis a tarifa foi reduzida.

Mais recentemente, o que ficou conhecido como as Jornadas de Junho de 2013, em São Paulo, teve como estopim o aumento de 20 centavos na tarifa dos transportes coletivos, anunciada conjuntamente por Fernando Haddad (PT) e Geraldo Alckmin (PSDB), à época, respectivamente prefeito e governador. Alguns meses antes já haviam ocorrido manifestações pelo mesmo tema em Porto Alegre (RS) e Natal (RN).

Frente a isso, o Movimento Passe Livre (MPL) realizou uma série de atos descentralizados pela capital paulista. Entretanto, a pauta passou a ter uma centralidade nas discussões, sobretudo a partir da cobertura da imprensa sobre o primeiro grande ato, em São Paulo, na noite de 6 de junho de 2013. O ato saiu às 18h da escadaria do Teatro Municipal, local histórico de manifestações na cidade, em direção ao Vale do Anhangabaú, próximo à Prefeitura Municipal. Naquele momento, é sabido que o prefeito aguardava uma possível solicitação do movimento para uma audiência a portas fechadas,

---

1. Cf. "Revolta do Buzu". Tarifazero.org, 25/07/2009. Disponível online.
2. Cf. "10 anos da revolta da catraca". Tarifazero.org, 09/07/2014. Disponível online.

em que participariam uma comissão eleita pelos manifestantes, bem como técnicos da prefeitura e até mesmo Fernando Haddad (PT).

Contudo, a manifestação decide não ter como destino uma mesa de negociações, entendida como um espaço reservado para funcionários do Estado. As milhares de pessoas presentes passaram rapidamente pela prefeitura, mas ao invés de ali ficarem, como a Polícia Militar esperava, tomaram de assalto a Avenida 23 de maio, um dos pontos considerados intocáveis, até então, pela sua importância no fluxo de veículos na cidade. As pessoas corriam para o meio da rua e se olhavam eufóricas, enfrentando o risco direto de serem atropeladas pelos motoristas ou atacadas pela polícia. Em questão de segundos as vias foram tomadas e barricadas com fogo foram montadas no meio da avenida.

Alguns policiais militares tentaram atacar a manifestação para desobstruir a avenida, mas não conseguiram, pois as pessoas não recuaram e os policiais se sentiram obrigados a correr e chamar o reforço da Tropa de Choque, que minutos depois apareceu jogando bombas de gás, granadas de fragmento e balas de borracha entre as pessoas e os carros. Um dos militantes presentes no ato foi espancado por ao menos quatro policiais até desmaiar no canteiro da Avenida 23 de Maio.

Com a ação truculenta própria da polícia, a manifestação foi empurrada em pequenos grupos para as ruas do Centro Velho de São Paulo, onde a revolta explodiu nas vitrines de agências bancárias, lojas e viaturas, com pedras lançadas por pessoas encapuzadas para se proteger das câmeras policiais e da neblina do gás lacrimogêneo. Alguns grupos conseguiram chegar até a avenida Paulista, onde foram mais uma vez atacados pelos policiais e se defenderam armando barricadas com lixeiras de concreto. Mais bombas da polícia, mais correria.

Cerca de cem pessoas entraram no shopping Pátio Paulista para se refugiar das bombas e das balas de borracha. No meio da confusão, algumas das inúmeras vitrines assépticas das lojas de grife foram pixadas e o para-brisa de um carro importado, exposto no corredor central do shopping como prêmio para um sorteio do qual participariam os bons consumidores das lojas daquele centro comercial, foi destruído por uma barra de ferro. O espaço foi rapidamente cercado pela Tropa de Choque, que impede toda e qualquer pessoa de sair do prédio e ameaça de prisão. Antes da chegada da polícia, algumas pessoas conseguem escapar.

Um grupo de punks chega até a rua Vergueiro e decide pular as catracas do metrô. Após alguns conseguirem, uma menina é agredida pelos seguranças e mais um enfrentamento, agora dentro da estação. Em resposta à agressão da menina, catracas e bilheterias foram quebradas, um segurança perdeu o seu cassetete, que foi rapidamente devolvido a ele com força na cabeça. Um rojão é lançado dentro da estação, todos correm para fora do metrô. Um punk cai no canteiro externo, já na rua, com um ferimento na testa e é carregado por seus amigos. A estação fica vazia e os seguranças se mantém na proteção das catracas. Terminado o ato, além dos inúmeros feridos, 15 manifestantes acabaram detidos. Naquela noite, o coronel da Polícia Militar Reynaldo Simões se referiu aos manifestantes em sua declaração aos jornalistas, ávidos por um posicionamento oficial, dizendo que "essas pessoas não estão afim de se manifestar, mas sim de fazer baderna".

No dia seguinte ao primeiro ato, 7 de junho, Geraldo Alckmin (PSDB) publicou em seu Twitter: "sim à liberdade de manifestação; não ao vandalismo, que prejudica a população". As reportagens de *O Estado de S. Paulo* e da *Folha de S. Paulo* seguem o mesmo tom e afirmam, respectivamente, que: "Protesto contra a tarifa acaba em depredação e caos em SP" e "Vandalismo marca ato por transporte mais barato em SP". Ambos apresentam uma narrativa em que a ação policial é justificada para conter os *vândalos* que, conforme afirma *O Estado de S. Paulo*, em uma matéria intitulada "Protesto contra a tarifa acaba em caos, fogo e depredação no centro" e veiculada sem assinatura de um jornalista: "depredaram as Estações Consolação, Trianon-Masp e Brigadeiro do Metrô, além de um acesso da Vergueiro, e destruíram lixeiras e novos pontos de ônibus que foram encontrando pelo caminho (...). A Polícia Militar usou bombas de efeito moral, gás lacrimogêneo e balas de borracha contra os manifestantes, que responderam com pedras". A narrativa da imprensa encontrou eco em outra declaração do governador Geraldo Alckmin

(PSDB) em seu Twitter, onde disse: "É dever da @PMESP proteger as pessoas, o patrimônio público e o direito de ir e vir".

Frente às acusações de promover a violência nas ruas, o Movimento Passe Livre (MPL) se defendeu em uma nota pública, afirmando que a manifestação seguiu em caminhada pacífica pelo centro da cidade de São Paulo, com as pessoas exercendo seu "legítimo direito de se manifestar" e mesmo assim foram atacadas pela Polícia Militar. "A população que já revoltada com o abusivo aumento das tarifas reagiu e revidou a agressão dos policiais — que, vale a pena lembrar, são os policiais que possuem armas e bombas. Ontem, a PM feriu dezenas de pessoas." Sobre a questão das depredações, a nota afirma que elas só tiveram início após a "repressão brutal e prisões, realizadas na região da Avenida Paulista". O teor final da nota do MPL consiste em se defender das acusações de que o movimento estimularia as destruições e o enfrentamento com a polícia. Diz o texto: "O Movimento Passe Livre não incentiva a violência em momento algum de suas manifestações, mas é impossível controlar a frustração e a revolta de milhares de pessoas com o poder público e com a violência da Polícia Militar."[3]

O governo municipal, nesse momento, evitou se pronunciar publicamente, adotando uma estratégia sorrateira de entrar em contato com uma militante do MPL, por meio de um assessor do prefeito, para uma "conversa franca, de cidadão para cidadã" (JUDENSNAIDER...[et al.], 2013, p. 36), o que foi prontamente negado, pois na leitura do movimento, não se tratava de um encontro entre indivíduos, mas "entre movimento social e o governo municipal".

No mesmo dia, 7 de junho, ocorre a segunda manifestação, partindo do largo da Batata até a Marginal Pinheiros. A polícia ataca mais uma vez, com a justificativa de "desobstruir a via", e um *bloco negro* é formado e prontamente responde à polícia com barricadas, para impedir o avanço policial. Apesar da rapidez com que o ato aconteceu, o travamento da Marginal Pinheiros gerou um grande congestionamento de trânsito na cidade de São Paulo e alguns motoristas tentavam furar o bloqueio. Um deles foi o promotor de justiça

---

3. Cf. "Nota sobre a manifestação do dia 6". MPL, 07/06/2013. Disponível online.

às agressões do policial, um *bloco negro* lançou pedras portuguesas e garrafas contra o soldado, atingindo-lhe a cabeça. Parênteses: em dezembro de 2016, o policial armado recebeu o título de Cidadão Paulistano, homenagem concedida a ele pela vereadora Sandra Tadeu (DEM), que justificou: "Naquele momento (durante a manifestação) ele estava com uma arma em punho e poderia ter atirado e pego quantas pessoas?", e concluiu: "Ele é um herói".

Voltando a Junho, após o final do ato, 20 pessoas foram detidas, um número não contabilizado de pessoas foram feridas pela polícia, dois jovens foram atropelados por carros que romperam o bloqueio da via pelos manifestantes[5] e três PMs acabaram atingidos por pedradas na cabeça. Dois rapazes foram detidos aleatoriamente a vários quarteirões do local do enfrentamento, já no momento da dispersão, enquanto iam para casa. Sob a acusação de desacato, lesão corporal e dano ao patrimônio, a justiça decretou uma fiança no valor de R$3.000. Mesmo após o pagamento, ambos foram transferidos para o Centro de Detenção Provisória (CDP) do Belém, onde foram mantidos por dois dias e só então foram liberados.

No dia seguinte, 12 de junho, a Polícia Militar lança uma nota que dizia: "Na democracia, não há espaço para a baderna, para a destruição do patrimônio e para a violência. Em movimentos assim, a Polícia Militar agirá sempre com o rigor da lei". Simultaneamente, durante nova sessão na câmara, Eduardo Suplicy (PT) questionou a tática do *bloco negro* praticada durante as manifestações e disse: "Essa manifestação violenta não é a maneira de se transformar o país". Na mesma sessão, Orlando Silva (PCdoB): "Alguns anarquistas, alguns inconsequentes, alguns aventureiros que buscavam, para desgastar o governo, destruir o patrimônio público, esses merecem o rechaço dessa casa, como merecem também o rechaço da opinião pública e do povo paulistano". É o ranço legalista e embolorado da esquerda institucional, que lança mão de qualquer instrumento para tentar conter o exercício da revolta.

---

5. Cf. "Protesto contra a tarifa tem confronto, depredações e detidos em SP". G1, 11/06/2013. Disponível online.

No jornal noturno da Rede Globo, o articulista Arnaldo Jabor fez um discurso relacionando as manifestações contra a tarifa aos ataques provocados por uma facção criminosa em 2006, em São Paulo. "O que provoca o ódio tão violento contra a cidade? [...] Não pode ser por causa de 20 centavos. [...] Os mais pobres ali eram os policiais apedrejados, ameaçados com coquetéis *molotov*, que ganham muito mal. No fundo, tudo é uma imensa ignorância política". E completou: "Esses revoltosos de classe média não valem 20 centavos!".

Com o clamor pela repressão aos anarquistas *vândalos e mascarados*, a polícia teve o aval para atuar com força total contra a manifestação seguinte, em 13 de junho de 2013, que ficou conhecida como *quinta-feira sangrenta*. Enquanto os milhares de manifestantes se concentravam na escadaria do Teatro Municipal, a Polícia Militar realizou uma série de enquadros, que acabaram em ao menos quarenta detenções sob a mais inovadora das acusações: porte de vinagre, utilizado com o objetivo de conter os efeitos do gás lacrimogêneo e do spray de pimenta[6]. A manifestação reuniu mais de 20 mil pessoas pelas ruas do Centro e começou a subir a rua da Consolação, sentido avenida Paulista. Contudo, no meio do caminho havia uma tropa policial impedindo a manifestação de seguir, na esquina com a rua Maria Antônia[7].

---

6. Informação útil: descobriu-se algum tempo depois que a substância não é tão efetiva quanto se imaginava; a melhor maneira de neutralizar os gases jogados pela polícia nas manifestações é passar no rosto um pouco de leite de magnésia ou uma mistura de bicarbonato de sódio com água, ambas substâncias base, portanto, neutralizadoras da acidez dos gases. Para amenizar o efeito dos gases nos olhos, indica-se passar soro fisiológico, pois lavá-los com água pode agravar a irritação.
7. A rua Maria Antônia é um local marcado no histórico de lutas antirepressivas ao menos desde outubro de 1968, quando ocorreu a Batalha da Maria Antônia, nome pelo qual ficou conhecido o enfrentamento entre grupos que combatiam a ditadura civil-militar, articulados no antigo prédio de Filosofia da Universidade de São Paulo (USP), e apoiadores da ditadura, incluindo grupos de extrema-direita como o Comando de Caça aos Comunistas (CCC), reunidos do prédio da Universidade Presbiteriana Mackenzie. Nesse enfrentamento de paus, pedras e coquetéis *molotov*, o grupo paramilitar de extermínio CCC atirou com arma de fogo no prédio da USP, assassinando o jovem de 20 anos José Guimarães.

Movimento Passe Livre (MPL), o autonomismo e os anarquismos

Foi em meio ao furacão de 2013 que o autonomismo transbordou no Brasil, sobretudo em São Paulo, a partir de uma prática política baseada em uma organização apartidária e sem vínculos institucionais, organizados de maneira horizontal. O elemento central dessa força foi o Movimento Passe Livre (MPL), que diz em sua carta de princípios ser

um movimento horizontal, autônomo, independente e apartidário, mas não antipartidário. A independência do MPL se faz não somente em relação a partidos, mas também a ONGs, instituições religiosas, financeiras etc. Nossa disposição é de Frente Única [...] A via parlamentar não deve ser o sustentáculo do MPL, ao contrário, a força deve vir das ruas. Os princípios constitutivos do MPL serão definidos somente pelo método do consenso. Nas deliberações não referentes a princípios, deve-se buscar propostas consensuais, na impossibilidade, deve-se ter previsto o recurso à votação.[1]

Autonomia, independência, horizontalidade, federalismo e apartidarismo são as *palavras-chave* do documento produzido e aprovado na Plenária Nacional pelo Passe Livre, ocorrida durante o V Fórum Social Mundial (FSM), em Porto Alegre, no dia 28 de janeiro de 2005. No texto, a autonomia e a independência se referem à não subordinação dos grupos às instituições, empresas e partidos políticos, o que não exclui a participação de militantes partidários, mas regula a sua atuação ao afirmar que a programática de um partido em específico não deve guiar as ações do MPL; a horizontalidade explicita que a forma de deliberação é a busca de *consenso*, o que significa a unanimidade no momento da decisão, tendo a votação

---

1. Cf. "Princípios", no site online do Movimento Passe Livre – Fortaleza.

como último recurso; e o federalismo como um princípio organizacional do MPL, que possui grupos em diversas cidades do país com liberdade de tomar decisões, mas que devem respeitar a carta inaugural do grupo.

Um ponto central da carta é a questão da horizontalidade. De acordo com o texto, "todas as pessoas envolvidas no MPL devem possuir o mesmo poder de decisão, o mesmo direito à voz e a liderança nata. Pode-se dizer que um movimento horizontal é um movimento onde todos e todas são líderes, ou onde esses líderes não existem". Deste modo, o autonomismo contemporâneo do qual o MPL faz parte tenta equacionar a questão da verticalidade, mas por meio da profusão de lideranças. Não se trata — como fazem os anarquistas por meio da *ação direta* e da *autogestão* — de combater a verticalidade e o princípio da autoridade atacando a relação entre mando e obediência. O que o MPL produz é uma *adequação*. Almeja-se um *empoderamento* dos integrantes, o que tem como efeito a restituição de novas centralidades.

Em 2013 foi publicado no Brasil o manual de ativismo com táticas, princípios, teorias e estudos de caso chamado *Bela baderna — ferramentas para a revolução*, organizado por Andrew Boyd e Dave Oswald Mitchell e traduzido pela Escola de Ativismo. O texto de Matthew Smucker e Han Shan, que integra o manual, afirma que

a palavra liderança pode significar uma porção de coisas, e nem todas envolvem a criação de hierarquias. *Assumir a liderança* pode significar *tomar a iniciativa* de levar um projeto ou tarefa adiante, ou *assumir a responsabilidade* de identificar o que é preciso, e dar um passo individual ou coletivamente para fazê-lo. Em outras palavras, é importante distinguir organização *horizontal* e *desorganização*, e incentivar modelos de liderança descentralizada que promovam a responsabilidade e a eficiência (…). Se queremos realmente mudar o mundo, precisamos de *mais* pessoas se prontificando a tomar iniciativa, e não menos. Quanto mais iniciativa cada um de nós tomar em nosso trabalho conjunto, maior será nossa capacidade coletiva. Construir nosso poder coletivo é um dos desafios mais importantes da organização dos movimentos". (SMUCKER E SHAN @#OCCUPY, 2013, p. 100)

Nessa perspectiva, dizem os autores, é preciso criar uma cultura na qual todos sejam incitados a tomar iniciativa, a participar, o que

Para se proteger da ação policial e retirar as pessoas feridas, um grupo arrancou um pedaço da lataria de um ônibus depredado e o transformou em um escudo. Em meio à ação policial, inúmeras pessoas foram feridas por bombas de estilhaço, cassetetes e balas de borracha, dentre elas, o fotógrafo Sérgio Silva, que teve um olho esmagado. As pessoas correram para as ruas no entorno e a polícia passou a caçar os manifestantes dispersos. Na rua Augusta, a repórter Giuliana Vallone, da *Folha de S. Paulo*, também foi acertada no olho por uma bala de borracha atirada por um policial.

A repercussão sobre a operação policial foi inegavelmente diferente dos outros dias. O portal de notícias G1 publicou uma matéria com relatos de jornalistas sobre o pavor de estar no meio das pessoas enquanto a repressão policial acontecia, dando a entender que os manifestantes que atiravam pedras e garrafas o faziam como resposta à ação dos policiais[8]. A edição da *Folha de S. Paulo*, jornal que teve uma jornalista ferida pela polícia, estampava na capa, em letras garrafais: "Polícia reage com violência a protesto e SP vive noite de caos", seguido das afirmações: "No 4º ato contra a tarifa, a PM cerca manifestantes, usa balas de borracha e bombas de gás; dezenas de pessoas ficam feridas e 192 são detidas; Haddad critica corporação", "Distúrbios começaram com ação da Tropa de Choque". Os termos *confronto* e *vandalismo* passaram a ser deixados de lado. Tais críticas à atuação da polícia começaram a ser frequentes nos jornais de grande circulação, não pelo endosso às manifestações, mas com indignação pela forma *como* foi feita a repressão. Enquanto isso, alguns anarquistas lembraram, mais uma vez, que não se tratava de questionar o *excesso* na atuação da polícia, pois não há polícia que não faça uso sistemático e cotidiano da violência. Como afirmou o Núcleo de Sociabilidade Libertária (NU-SOL) na *Flecheira Libertária* 299,[9] nos dias 11 e 13 de junho "a imprensa divulgou que milhares de policiais estiveram envolvidos na repressão. Diante disso: abandonem as sinceridades hippies de entregar flores para

---

8. Cf. "Confronto na Consolação marcou protesto". G1, 14/06/2013. Disponível online.
9. Núcleo de Sociabilidade Libertária (NU-SOL). *Flecheira Libertária* 299, 18/06/2013. Disponível online.

policiais, e inventem novos desrespeitos e desprezos à instituição e à farda! Coragem! Porém, se você pensa que se trata de uma polícia despreparada e incapaz de agir numa democracia, não esqueça que a polícia serve para cuidar, vigiar, monitorar, espionar, reprimir, torturar e matar. Polícia é polícia! Viver livre nas ruas da cidade não depende de polícia preparada, mas de sua abolição".

Essa perspectiva anarquista enfrentou a argumentação fundamentada na atribuição de um descontrole ou um despreparo por parte dos policiais, e de que seria necessário regular sua atuação. Escancarou o fato de a polícia funcionar muito bem para o motivo pelo qual ela existe: defender a propriedade, a lei e a ordem e, para isso, lança mão de repressão, espancamentos e torturas, assassinatos e encarceramentos.

Todavia, a produção discursiva dos grandes veículos de comunicação teve maior repercussão. Nos atos seguintes, em 17 e 18 de junho, a quantidade de pessoas nas ruas aumentou significativamente e, pela primeira vez durante a jornada de lutas, começaram a aparecer pessoas com camisetas e bandeiras do Brasil, o que gerou um enfrentamento entre essas pessoas e os anarquistas, que gritavam: "Um patriota, um idiota". No primeiro deles, centenas de milhares de pessoas se reuniram no largo da Batata, em uma caminhada diferente dos outros dias: cantos de "sem violência e sem vandalismo", bem como uma profusão de cartazes com as mais diversas pautas. As pessoas ali presentes se dividiram e um grande grupo se deslocou até o Palácio dos Bandeirantes, sede do Governo do Estado de São Paulo, atacando o prédio e enfrentando a polícia. No dia 18 a prefeitura de São Paulo, na região central, foi atacada, tendo vidros quebrados e as paredes pixadas. Um caminhão de um veículo de comunicação foi incendiado e uma série de lojas foram invadidas e saqueadas enquanto pessoas tentavam impedir as depredações, algumas delas abraçadas com a bandeira do Brasil. Algo mudou, não se sabia o quê, mas se sentia um cheiro estranho no ar.

Na manhã de 19 de junho, o mesmo articulista Arnaldo Jabor, que havia bradado no dia 12 de junho pela repressão policial contra "revoltosos de classe média", modificou seu discurso. Disse ele: "Amigos ouvintes, outro dia eu errei. [...] Falei na TV sobre o que me pareceu um bando de irresponsáveis fazendo provocações por causa de R$0,20. E era muito mais que isso!". E continua: "O Passe Livre, que começou outro dia, tinha toda a cara de anarquismo inútil e critiquei-o porque temia que tanta energia fosse gasta em bobagens quando há grandes problemas a enfrentar no Brasil." E completou: "Essa energia do Passe Livre tem que ser canalizada para melhorar as condições de vida do Brasil, desde o desprezo com que se trata os passageiros pobres de ônibus, passando pelo escândalo ecológico, passando pelo Código Penal do país, que legitima a corrupção institucionalizada".

Nesse mesmo dia, devido à massificação das manifestações, o prefeito de São Paulo Fernando Haddad (PT) e o governador Geraldo Alckmin (PSDB) anunciaram que o aumento das tarifas seria cancelado. Como resposta ao anúncio, o MPL chamou uma manifestação para 20 de junho para comemorar a vitória da luta contra o aumento.

Na ocasião, 100 mil pessoas compareceram ao chamado do MPL para a comemoração da derrubada da tarifa. Todavia, durante o ato, que seguia pela avenida Paulista, grupos de extrema-direita foram para a manifestação, atacaram militantes anarquistas e de partidos de esquerda, chamando estes últimos de "oportunistas", rasgando suas bandeiras sob o argumento de que eram "apartidários"[10]. Conforme veiculado na imprensa, alguns eram "carecas, musculosos e extremamente agressivos" e portavam armas como tacos de hóquei e cassetetes. Um deles afirmou aos jornalistas que "não existe revolução sem violência. Na Revolução Francesa teve, na revolução de 1964 também teve", referindo-se à ditadura civil-militar iniciada em 1964 como uma "revolução"[11]. A partir daí, findaram-se as Jornadas de Junho. O calor do fogo de Junho se amornou e foi engolido pelo *ranço cívico*[12] da *sociedade civil organizada*.

---

10. Cf. "Em SP, manifestantes se dizem contra partidos e são ironizados por anarquistas". IG, 23/06/2013. Disponível online.
11. Cf. "Participação do PT em ato em São Paulo termina com briga e fuga". IG, 20/06/2013. Disponível online.
12. RANÇO: *lat. Rancĭdus*. subs. Masculino. 1. Cheiro peculiar ao que é ou está úmido ou privado de renovação do ar; mofo, bafio. 2. Decomposição ou modificação que

Anarquistas durante o ato de 20 de Junho, na avenida Paulista.
Fonte: Caio Castor.

Mesmo assim, um grupo de anarquistas se separou da grande *passeata* e formou um bloco próprio. Ainda que bastante diminuto, os anarquistas ali presentes mantiveram um tom desafiador, ironizando os manifestantes que portavam suas bandeiras do Brasil, com a música "nacionalismo é o caralho este país é racista e sanguinário". Entre uma discussão e outra, o bloco anarquista enunciou o insuportável que se viu a partir de então: "Vocês entenderam mal: isso aqui não é carnaval!".

---

sofre uma substância gordurosa em contato com o ar, dando causa a um gosto acre e a um cheiro desagradável. 3. sentimento de ódio, rancor. Sinônimos: bolor, azedume, mofo, velharia.

CÍVICO: lat. *civĭcus*. Adjetivo. Referente ao cidadão como elemento integrante do Estado; patriótico.

pode significar nutrir o potencial de liderança nos outros. Sobre isso, completam:

Uma cultura que valoriza a liderança saudável também premia a responsabilidade, na qual todos somos responsáveis uns pelos outros. Mas esse foco na responsabilidade deve andar lado a lado com uma cultura de grupos que valorize a liderança. (...). Precisamos de um movimento onde estejamos constantemente encorajando uns aos outros a assumir nosso potencial por completo e a brilhar como um coletivo de líderes atuando juntos por um mundo melhor. Sejamos todos líderes. Sejamos cheios de líderes, e não sem líderes. (SMUCKER E SHAN @#OCCUPY, 2013, p. 101)

No caso do MPL, basta lembrar que a própria organização se considera um *movimento*, articulada enquanto uma Frente Única, o que lhe dá o caráter de centralidade em relação às movimentações acerca da questão do transporte coletivo. Como já mencionado, a organização foi fundada durante o V FSM, compondo o campo autonomista do evento, que, além de movimentos sociais apartidários, contou com a participação de militantes de partidos de esquerda e dois chefes de Estado, incluindo Luís Inácio Lula da Silva, então presidente do Brasil, e Hugo Chávez, na época presidente da Venezuela. Ainda assim, apesar de não compor a corrente majoritária do Fórum, o documento inaugural do MPL coaduna com a carta de princípios do evento, que afirma:

O Fórum Social Mundial será sempre um espaço aberto ao pluralismo e à diversidade de engajamentos e atuações das entidades e movimentos que dele decidam participar, bem como à diversidade de gênero, etnias, culturas, gerações e capacidades físicas, desde que respeitem esta Carta de Princípios. Não deverão participar do Fórum representações partidárias nem organizações militares. Poderão ser convidados a participar, em caráter pessoal, governantes e parlamentares que assumam os compromissos desta Carta. (FSM)

A negativa para a participação de representações partidárias aparece apenas de maneira formal na carta, pois partidos políticos de esquerda, como o Partido dos Trabalhadores (PT), estiveram presentes no evento. No caso do documento do MPL, é dada a possibilidade de participação de militantes partidários enquanto indivíduos. Diz o texto:

APARTIDARISMO

Os partidos políticos oficiais e não-oficiais, enquanto organização, não participam do Movimento Passe Livre. Entretanto, pessoas de partidos, enquanto indivíduos, podem participar desde que aceitem os princípios e objetivos do MPL, sem utilizá-lo como fator de projeção política. O MPL não deve apoiar candidatos a cargos eletivos, mesmo que o candidato em questão participe do movimento. (MPL, 2005)

Arrisca-se aqui afirmar que a declaração apartidária abre o campo para a inserção dos partidos políticos de maneira não oficial, como ocorreu durante as revoltas de Junho de 2013. Ambas as características (relação horizontalidade-liderança e apartidarismo) explicitam alguns dos pontos de diferença entre o autonomismo contemporâneo e o anarquismo. Em relação às lideranças, para os anarquistas não se trata de multiplicá-las, mas sim de aboli-las, de incinerar as práticas de submissão. Como afirmou Errico Malatesta, em uma carta[2] endereçada a Nestor Makhno em 1929, o que interessa aos anarquistas "é que as pessoas, homens e mulheres, percam os instintos e hábitos de rebanho, que lhes foram inculcados em milhares de anos de escravidão, e aprendam a pensar e atuar livremente".

Quanto ao apartidarismo, enquanto os autonomistas toleram a *forma* partido, afastando-se dela, mas sem negá-la, os anarquistas não só realizam uma crítica radical como declaram guerra ao Estado e às instituições, o que os torna insuportáveis aos tradicionais grupos políticos, tanto aqueles ligados ao campo da esquerda, quanto aos liberais e conservadores. De acordo com o historiador anarcossindicalista Rudolf Rocker (2007), os diferentes partidos políticos acabam por desempenhar no âmbito do Estado o mesmo papel que as diferentes escolas teológicas da Igreja, pois rivalizam entre si a melhor proposta de reconfiguração institucional. Entretanto, afirma o autor, disputar sobre a forma significa desconhecer que o verdadeiro

---

2. Cf. Errico Malatesta, "Um projeto de organização anarquista", 1927. Disponível online.

problema é a própria existência do Estado. Nesse sentido, no limite, não se trata de estimular novas formas de governo sobre todos e cada um, reformando os antigos regimes, mas lutar para a sua abolição.

Ainda que com tais diferenças explícitas entre o anarquismo e o autonomismo, entende-se aqui que o apartidarismo foi um dos elementos que acentuou a confusão entre as duas forças durante as revoltas de junho de 2013 por parte dos partidos políticos. Os marxistas-leninistas do Partido Socialista dos Trabalhadores Unificado (PSTU) acabaram por realizar críticas às mobilizações daquele mês, unindo anarquistas e autonomistas, pois ambos inviabilizavam, sob perspectivas diferentes, que as organizações institucionais obtivessem o protagonismo desejado. Vale lembrar que protagonizar e dirigir os levantes em função de seu projeto societário é um dos objetivos dos partidos da revolução, desde o "Manifesto do Partido Comunista", escrito por Karl Marx e Fredrich Engels, encerrado com a famosa frase: "Proletários do mundo, uni-vos", o que, em outras palavras, significa: unir-se em um projeto futuro comum, dirigido por uma vanguarda de um partido de vanguarda.

Contemporaneamente à publicação do *Manifesto...*, o anarquista russo Mikhail Bakunin (2016) já se opunha à tentativa de unificar o movimento dos trabalhadores em um projeto político único e preconcebido. Diz ele:

como esperar que o proletariado de todos os países, encontrando-se em condições tão diferentes de temperamento, cultura e desenvolvimento econômico, possa atrelar-se ao jugo de um programa político uniforme? [...] Pois bem, o sr. Marx não se divertiu apenas em imaginá-lo, quis executá-lo. [...] Ele quis, pretende ainda hoje, impor um programa político uniforme, seu *próprio programa*, a todas as Federações da Internacional, isto é, ao proletariado de todos os países! (BAKUNIN, 2016, pp. 276–277)

A publicação desse texto de Bakunin ocorreu em um contexto de enfrentamento de forças dentro da Associação Internacional dos Trabalhadores (AIT), fundada em 1864 por anarquistas, socialistas e comunistas. Apesar de ser posterior à publicação do *Manifesto...*, de 1848, tal discussão traz à tona os seus efeitos nas lutas internas da própria AIT, que gerou até mesmo uma divisão acirrada entre anarquistas e comunistas. Enquanto os anarquistas entendiam a AIT como uma associação de solidariedade econômica, os comunistas visavam implantar um projeto político internacional, materializando os apontamentos de Marx e Engels de 1848.

Na contemporaneidade, a questão da centralidade emergiu com força sobretudo a partir de junho de 2013. O PSTU, no texto "Anarquismo e socialismo: o individual e o coletivo nas mobilizações de massas" (2013), publicado em 16 de junho de 2013, afirma que o liberalismo burguês é a verdadeira filosofia do anarquismo, pois a defesa da horizontalidade e o repúdio à hierarquia enfraqueceu a luta do movimento contra o aumento das tarifas dos ônibus, trens e metrôs. O argumento utilizado pelo PSTU é de que a liberdade praticada pelo anarquismo não se diferencia da liberdade individual do liberalismo e, portanto, ambos são entraves para a classe operária.

O movimento contra o aumento precisa da classe trabalhadora para vencer, precisa atrair os movimentos sociais organizados, e é justamente aí que a 'horizontalidade' e a 'individualização' do movimento exibem seus limites. Gostemos ou não, a dura realidade é que os trabalhadores são explorados, oprimidos e alienados pelo capitalismo. Por isso, quando dispersos em 'individualidades', os trabalhadores podem muito pouco, ou quase nada. [...]. Somente quando se organizam e se submetem conscientemente à disciplina de um coletivo, quando entrelaçam seus braços em um piquete e resistem coletiva e disciplinadamente à investida dos fura-greve — somente aí é que os trabalhadores começam a adquirir algum 'poder', alguma liberdade. (PSTU, 2013)[3]

A confusão entre o autonomismo e o anarquismo também esteve presente na crítica feita pela Esquerda Marxista, na época vinculada ao Partido dos Trabalhadores (PT), e atualmente ligada ao Partido Socialismo e Liberdade (PSOL). Em um texto publicado em 28 de junho de 2013, que se propunha a analisar o caráter das manifestações daquele mês, a Esquerda Marxista afirmou que

O grupo anarquista pequeno-burguês (para eles tanto faz se as empresas de transporte são públicas ou privadas, desde que tenha passe livre) que se au-

---

3. Cf. "Anarquismo e socialismo: o individual e o coletivo nas mobilizações de massas". PSTU, 16/06/2013. Disponível online.

todenomina MPL usurpando o nome do antigo movimento de Frente Única pelo Passe Livre, o verdadeiro MPL, junto com outros grupos anarquistas chegou a ameaçar sindicatos e outros agrupamentos de atacar seus carros de som porque 'o microfone é autoritário'. O resultado se viu. Manifestações sem orientação, com o MPL e outros grupos anarquistas fazendo o que bem entendiam, manipulando as massas na rua e permitindo que punks e outros desvairados atacassem a polícia dando-lhes um álibi quando a PM já estava decidida e preparada para reprimir. O resultado se conhece. (ESQUERDA MARXISTA, 2013)[4]

A estratégia socialista autoritária de taxar o anarquismo como pequeno-burguês não é nova, ela é recorrente desde o século XIX. Com essa pecha Karl Marx categorizou Proudhon em seu livreto *Miséria da filosofia (2017)*. Vladimir Lenin, para defender o centralismo marxista, afirma em *O Estado e a revolução* (2017) que o federalismo é um desdobramento de princípios das concepções "pequeno-burguesas do anarquismo", assim como o fez durante o X Congresso do Partido Comunista Russo, em 1921, quando declarou guerra ao anarquismo. Na ocasião, afirmou que

O marxismo ensina-nos (...) que só o partido político da classe operária, isto é, o Partido Comunista, está em condições de agrupar, educar e organizar a vanguarda do proletariado e de toda a massa trabalhadora, a única capaz de resistir às inevitáveis vacilações pequeno-burguesas desta massa, as inevitáveis tradições e recaídas na estreita visão gremial ou nos preconceitos gremiais entre o proletariado, e dirigir todo o conjunto das atividades de todo o proletariado, ou seja, dirigi-lo politicamente e, através dele, dirigir todas as massas trabalhadoras. Sem isto a ditadura do proletariado é irrealizável. (LENIN, 1921)

O posicionamento de Lenin sobre o centralismo, ainda que mais sofisticado, explicita que o incômodo da Esquerda Marxista com a falta de "orientação" das manifestações de junho de 2013 é justamente pelo fato de não terem conseguido dirigi-las enquanto uma vanguarda. A burocracia partidária entra em um colapsante desespero quando suas diretrizes não são seguidas, quando ações espon-

---

4. Cf. "Uma nova situação no Brasil, o caráter das manifestações, as forças sociais em cena e os rumos do movimento". Esquerda Marxista, 28/06/2013. Disponível online.

tâneas tomam as ruas. Por fim, o argumento da Esquerda Marxista de que essa falta de centralização permite que "punks e outros desvairados" ataquem a polícia, "dando-lhes um álibi quando a PM já estava decidida e preparada para reprimir" é ele mesmo um discurso policialesco que justifica a violência policial e a sua manutenção.

Além disso, tanto o PSTU quanto a Esquerda Marxista desconsideram o autonomismo como uma força específica, unificando-o com o anarquismo por conta da maneira como ambos se relacionam com os partidos políticos e as instituições. Destarte, é necessário apresentar algumas das procedências do autonomismo para que, assim, a distinção possa ser explicitada.

O autonomismo que emergiu no *acontecimento-junho* se insere num contexto de lutas globais e tem entre as suas procedências o chamado movimento antiglobalização do final da década de 1990 e início de 2000, que articulava grandes boicotes às reuniões da Organização Mundial do Comércio (OMC) e do G7 em cidades como Seattle, nos Estados Unidos, Quebec, no Canadá e Gênova, na Itália. Essa configuração se dá principalmente pelo abandono do discurso anticapitalista clássico, que entendia as injustiças sociais na divisão estrita entre os trabalhadores, vendedores da força de trabalho, e dos proprietários dos meios de produção. Houve uma pulverização de lutas não mais apenas no campo econômico, mas no enfrentamento contra as dominações, sejam elas de classe, etnia, gênero, entre outras.

Vale ressaltar que o autonomismo não começou em junho de 2013 e não se findou com o apagar do fogo de suas barricadas. Além do chamado movimento antiglobalização, as referências dos movimentos autônomos podem ser constatadas na chamada autonomia operária da década de 1970, sobretudo na Itália e em Portugal, e no autonomismo alemão, no início dos anos 1980. No caso italiano, na passagem da década de 1960 para 1970, desenvolveu-se uma agitação intensa nas lutas operárias, não subordinada diretamente aos sindicatos ou partidos. Ainda que tenham surgido diversos coletivos e movimentos autônomos com a participação de diferentes perspectivas políticas, a maior parte era praticante de um comunismo que se opunha aos rumos tomados pela Revolução Russa (TARÌ, 2013), sobretudo com medidas empreendidas pelo marxismo-leninismo ortodoxo, que considerava haver uma necessidade da luta dos trabalhadores estar centralizada nos sindicatos, e que estes deveriam ser uma corrente de transmissão das decisões da vanguarda do Partido Comunista. O centralismo democrático leninista concebia que as lutas operárias, devidamente organizadas em sindicatos, possuíam um papel importante na ditadura do proletariado, como afirma Vladimir Lenin durante o discurso[5] proferido na sessão conjunta de delegados ao VIII Congresso dos Sovietes e de membros do Conselho Central dos Sindicatos da Rússia e do Conselho de Sindicatos de Moscou, em 30 de dezembro de 1920:

> Pelo lugar que ocupam no sistema da ditadura do proletariado, os sindicatos estão situados, se é justo dizer assim, entre o Partido e o poder do Estado. Na transição para o socialismo é inevitável a ditadura do proletariado, mas esta ditadura não é exercida pela organização que contém a totalidade dos operários industriais. (...). A questão é que o Partido, se assim se pode dizer, recolhe em seu seio a vanguarda do proletariado, e esta vanguarda exerce a ditadura do proletariado. E sem contar com uma base como os sindicatos não se pode exercer a ditadura, as tarefas estatais não podem ser cumpridas. (...) A ditadura só pode ser exercida pela vanguarda, que concentra em suas fileiras a energia revolucionária da classe. (LENIN, 1920)

Contra a tentativa dos Partidos Comunistas de dirigir a luta política dos trabalhadores e submetê-la às suas diretrizes, prática comum desde o início do século XX, os operários italianos no início dos anos 1970 realizaram ações radicalizadas, como a sabotagem das máquinas e das mercadorias produzidas, ocupações de casas e locais de trabalho, confrontos de rua com a polícia e greves consideradas *selvagens*, que não se submetiam às decisões das direções sindicais (ROTE OPERAIA, 2000)[6]

Outra procedência da configuração de forças da Jornada de Junho de 2013 no Brasil são os *autonomen* do movimento autonomista alemão da década de 1980, de onde provém o uso da tática do *bloco*

---

5. Cf. Lênin, "Sobre os sindicatos, o momento atual e os erros de Trotski", 1920. Disponível online.
6. Cf. Coletivo Rete Operaia (Precari Nati), "Notas sobre a autonomia operária na Itália". Disponível online.

negro e outras *ações diretas*. Tal como o autonomismo operário italiano, os *autonomens* de Berlim Ocidental misturavam diversas perspectivas de ação, incluindo anarquistas, comunistas, ambientalistas e feministas radicais. Os *autonomen* exerciam *ações diretas* como, por exemplo, a ocupação de prédios abandonados, que se tornavam não só espaços de moradia, mas também centros sociais, *infoshops*, bibliotecas, entre outros, sem a necessidade de lideranças ou representantes, o que aponta para o fato de a autonomia tanto individual quanto coletiva, em princípio, terem sido diametralmente importantes (DUPUIS-DERI, 2014).

Assim como o autonomismo operário italiano e português da década de 1970 e os *autonomens* alemães de 1980, as recentes jornadas de luta ocorridas em diferentes cidades do Brasil a partir de junho de 2013, como os atos contra a Copa do Mundo da FIFA, em 2014, e as Olimpíadas, em 2015, bem como as ocupações das escolas pelos estudantes secundaristas, buscaram, cada uma à sua maneira, equacionar a verticalidade nas lutas. Na Itália e em Portugal, a questão era buscar uma autonomia nas lutas operárias frente à direção dos Partidos Comunistas, o que implicava os operários envolvidos poderem decidir as suas próprias táticas e estratégias. O caso alemão foi um efeito direto da divisão entre as forças políticas vinculadas ao bloco capitalista e o bloco socialista, subordinado à União Soviética: o autonomismo frente a essa polarização explicitava que ambos, apesar de se apresentarem de maneiras opostas, mantinham a centralização de poder no Estado.

Para compreender o autonomismo contemporâneo que transbordou durante as chamadas Jornadas de Junho de 2013, é preciso considerar, também, o movimento Occupy, que tomou as praças e parques pelo mundo em 2011. A onda de manifestações daquele ano combateu as ditaduras do Oriente Médio e do norte do continente africano, como a Tunísia, o Egito, a Líbia e a Síria, direcionando-se à instauração de regimes democráticos ou à ampliação deles, o que se espalhou para outros continentes. A primeira irrupção na Europa ocorreu em 15 de maio na Espanha, com a ocupação de praças nas cidades de Madri e Barcelona.

No livro *Declaração: isto não é um manifesto* (2016, p. 16), Michael Hardt e Toni Negri não apenas narram os eventos de 2011 como também analisam que a potência deles está na rejeição da representação e na construção da participação democrática, bem como revelam "novas formas de independência e segurança em relação aos terrenos econômico, social e comunicacional, que juntas criam o potencial para se livrar dos sistemas de representação política e reivindicar seus próprios poderes de ação democrática". Contudo, em sua análise, faltaria ao movimento dar um "passo além", que seria o de criar um processo *constituinte,* definido pelos autores como um processo que revisa constantemente as estruturas e as instituições políticas afim de promover uma democratização sem fim, constante. No caso espanhol, apesar de o movimento ter apresentado uma campanha que tinha como mote a frase "não nos representam", parte das pessoas envolvidas decidiu por criar um partido político, intitulado Podemos, fundado em março de 2014 em Madri, capital espanhola.

Movimentos similares ao 15M aconteceram em Nova Iorque, com o Occupy Wall Street, e em Atenas, na praça Syntagma. Neste último, tal como na Espanha, houve um esforço de assimilação da radicalidade das ruas para o parlamento. Tal como o Podemos, na Grécia foi criado o partido Syriza, que antes era o nome de uma coalizão de 13 organizações de esquerda que, em 2012, se lançou como um partido unificado. Na cidade de São Paulo, o Ocupa Sampa se instalou no Vale do Anhangabaú durante as chamadas internacionais, em 15 de outubro de 2011. Ao contrário do que aconteceu nos outros países mencionados, o Ocupa Sampa não desembocou na formação de um partido político.

O site do Ocupa Sampa conta com uma aba denominada "manifestos", que se afirma como um "espaço para manifestos livres. Não existe um manifesto oficial, existem diversos manifestos escritos por aqueles que estão juntxs na construção do Acampa Sampa para um outro mundo". No primeiro deles, o Ocupa Sampa afirmava:

Somos muitos e diferentes. E a partir da nossa diversidade nos unificamos em torno do 15 de outubro. A juventude do mundo inteiro irá se manifestar neste dia, com suas pautas locais e seus sonhos globais. Os povos em luta no Oriente Médio, Inglaterra, Grécia, Espanha e Chile se unificam neste dia. Os participantes dessa manifestação fizeram parte de tantas outras. São integrantes de movimentos sociais e organizações sociais, estudantes, militantes. Temos como princípio a auto-organização e o auto-financiamento. Não aceitamos dinheiro de nenhuma empresa ou entidade que vise o lucro, seja ela qual for. O movimento tem autonomia diante do Estado, das empresas e de qualquer partido, mas respeita a participação destes. Venha participar! É hora de mostrar sua indignação com o sistema capitalista. A união de tod@s @s indignad@s mostrará que o povo quer transformações profundas na sociedade. Queremos construir uma democracia direta e participativa. Traga sua bandeira, sua vontade e sua voz! (OCUPA SAMPA, 2011)

O Ocupa sampa compôs as lutas globais do ano de 2011, que questionou a democracia representativa. Em consonância com a visão *democrática* dos movimentos de 2011, Frédéric Gros, em *Desobedecer* (2018), propõe uma retomada da concepção de democracia ateniense, que demandaria uma participação constante de todos nos rumos dos governos, em oposição à democracia liberal, que afasta a iniciativa de cada um das práticas políticas. Para ele, "em política, há, sim, comando e obediência, mas comandamos nossos iguais, seres similarmente livres. E o comando não cria um desnivelamento aberto, não introduz uma hierarquia consistente" (GROS, 2018, p. 173). Dentre as diversas hipóteses do ensaio está a de que em um regime democrático aquele que obedece, em termos políticos, só o faz no sentido de que pode ocupar, a qualquer momento, o papel de quem comanda, pois a divisão entre governantes e governados é feita de maneira aleatória.

Não existe diferença estatuária que petrificaria a separação entre elites competentes, especializadas, profissionais, e um povo simplesmente representado, não existe cisão estruturante entre dirigentes e dirigidos dos quais se esperariam efeitos de ordem e de harmonia. O que há é essa flutuação que fornece seu estilo à obediência 'política': eu lhe obedeço no sentido em que é meu igual, mas eu também poderia estar no lugar que você ocupa. (GROS, 2018, pp. 175-176)

A democracia crítica, diz o autor, não se limita a um sistema rígido de distribuição de poderes, mas trata de um "processo crítico que perpassa a todos e os obriga precisamente a serem 'mais democráticos'. É uma exigência de liberdade, de igualdade, de solidariedade. Essa exigência, que faz desobedecer, é a 'democracia crítica'" (GROS, 2018, p. 144). Nesse sentido, pode-se dizer que o norte do livro é a exaltação da racionalidade democrática, que inclusive democratizaria até mesmo o par mando-obediência. Isso se daria pela participação ativa de todos, ressaltada por ele por meio da noção de *eu indelegável*: "Ninguém pode pensar em meu lugar, ninguém pode responder em meu lugar, ninguém pode decidir em meu lugar, ninguém pode desobedecer em meu lugar" (GROS, 2018, p. 183).

Desobedecer não para romper com o pacto social, mas para reformá-lo por meio da desobediência civil. Para o autor, "a desobediência civil apoia-se na constituição de um coletivo que exprime a recusa de ser 'governado assim'. (...) trata-se de voltar à essência viva do contrato: nós fazemos corpo, fazemos sociedade desobedecendo coletivamente, levando um projeto alternativo de viver junto" (GROS, 2018, p. 143). Em momento algum é apresentada a recusa de ser governado, mas o incômodo de ser *governado assim*, de uma maneira específica. É a recusa em obedecer *desse modo*, e não do princípio da obediência. O autor acaba por assinar, com toda a sua (des)obediência, o contrato social liberal.

Na contemporaneidade, a desobediência civil é saudada como a possibilidade de prática política por excelência. Bill Clinton (2009), ex-presidente dos Estados Unidos entre os anos de 1993 e 2001 pelo Partido Democrata, durante a inauguração do Thoureau Institute na região estadunidense de Walden, ressaltou a importância da desobediência civil na luta contra as "injustiças". Assim como o seu vice, Al Gore (2009), que afirmou em uma entrevista para o jornal inglês The Guardian que a desobediência civil possui uma história honrosa. Segundo ele, "quando a urgência e clareza moral cruzam um certo limite, então eu acho que a desobediência civil é bastante compreensível, e tem um papel a desempenhar. E eu espero que isso aumente, sem dúvida"[7]. É uma convocação à desobediência como forma de aprimoramento da maneira pela qual o governante governa

---

7. Cf. Entrevista com Al Gore; 'Civil desobedience has a role to play'. The Guardian, 07/11/2009. Disponível online.

a todos e a cada um; é a assimilação das práticas contundentes como tecnologia de governo em favor da governança, que nada mais é do que a anulação da relação governante-governado pela institucionalização da relação compartilhada.

Assim como Gros (2018), os movimentos de ocupação de 2011 visavam repensar a relação entre a democracia e a sociedade, buscando ampliá-la com mais participação em todos os campos. Não havia uma pauta particular. Apesar de junho de 2013 integrar o campo dessa nova configuração de mobilizações pelo planeta, teve como foco inicial a derrubada das tarifas do transporte. O aumento das tarifas foi o estopim para uma revolta imprevista, foi um *acontecimento*, que em termos *foucaultianos* é quando algo inesperado, impensável até então, altera a configuração das forças em luta. O acontecimento não é "uma decisão, um tratado, um reino, ou uma batalha, mas uma relação de forças que se inverte, um poder confiscado, um vocabulário retomado e voltado contra seus utilizadores, uma dominação que se enfraquece, se distende, se envenena e uma outra que faz sua entrada, mascarada" (FOUCAULT, 1992, p. 28). Nesse sentido, entender a revolta ocorrida em junho de 2013 como um acontecimento é captá-la em sua potência inventiva, quando as forças não obedecem a uma destinação histórica, mas ao acaso da luta. Explicita-se o enfrentamento nas práticas discursivas e uma disputa de verdade.

Durante junho de 2013, os partidos, como PSTU e PSOL, gritavam pela estatização do transporte, enquanto o MPL apresentava um discurso de *mobilidade como direito à cidade*. O grupo tem como referência o projeto Tarifa Zero, criado por Lúcio Gregori, ex-secretário de transportes do governo Luiza Erundina (PT) entre os anos de 1989 e 1993. A proposta consistia no fim da cobrança de tarifa nos transportes coletivos, que seriam financiados com a criação de um Fundo de Transporte, que recolheria porcentagens de uma cobrança progressiva do IPTU, com o argumento de realizar, conforme afirma o texto "Projeto Tarifa Zero/Municipalização", do site Tarifazero.org, uma "forte distribuição de renda: quem tem mais paga mais, quem tem menos paga menos e quem não tem nada não paga"[8]. Essa era a maneira para arrecadar fundos com o objetivo de subsidiar o transporte coletivo em São Paulo, gerido por empresas privadas. Derrubado em 22 de outubro de 1990 na Câmara dos Municipal, inclusive por vereadores do próprio Partido dos Trabalhadores (PT), a prefeitura decidiu então apresentar o projeto de municipalização do transporte, aprovada na Câmara Municipal em maio de 1991, o que na prática instaurou uma cogestão do transporte entre as empresas privadas e o Estado, ou seja, a prefeitura ainda destinava subsídio para as empresas, mas com a municipalização passou a interferir na decisão das linhas que circulariam, na quantidade de ônibus e no valor das tarifas.

Em 10 de junho de 2013, em meio à jornada de lutas, Lúcio Gregori publicou um texto em que qualificava:

O MPL e os demais movimentos, com as manifestações e respectiva repercussão, trouxeram a questão dos transportes coletivos para onde deve se situar, ou seja, no campo da política e, nesse campo, o financiamento da tarifa como questão central para efetivamente tornar o transporte público e de acesso universal. Quando o Haddad diz na entrevista estar disposto ao diálogo, considero isso a abertura de um espaço a mais para ampliar e aprofundar a luta pela tarifa zero. Dialogar não é negociar, até porque o movimento, enquanto tal, não tem o que negociar. O movimento pode e deve debater politicamente, inclusive com o prefeito, uma questão fundamental para toda a população da cidade. Deve se apresentar ao diálogo como força política popular, fazendo pois uma forma de democracia direta. E discutir e debater de igual para igual. A mídia está querendo transformar as manifestações em atos de vandalismo. Forçar uma interpretação de que se trata de um movimento que recusa o debate faz parte da mesma estratégia de desqualificar o movimento. O momento político é riquíssimo, a partir das manifestações. Num regime que se diz democrático, isto pode e deve significar a disputa de recursos do Estado. Para os de cima ou para os de baixo é a questão. E isso deve ser debatido e discutido com os que exercem o poder, pressionando para as mudanças necessárias. (GREGORI, 2013)[9]

---

8. Cf. site do projeto Tarifa zero.
9. Cf. "Os tempos de Junho de 2013". GREGORI, L, 10/06/2013. Disponível online.

No texto, o criador do projeto Tarifa Zero propõe aos manifestantes — e sobretudo ao MPL, como *representante* — instaurar um diálogo com o governo municipal, na época também do Partido dos Trabalhadores (PT), para debater "de igual para igual" o futuro do transporte coletivo na cidade de São Paulo. O que ele afirma ser uma *democracia direta* com base nesse diálogo movimento-Estado na verdade é um estímulo à *democracia participativa,* pois incita os movimentos de rua a sentarem para pensar políticas públicas. Apesar de se mostrar como um projeto radical, ele se sustenta sem colocar em risco nem a destinação de verbas públicas para as empresas e nem a própria existência do Estado como agenciador de negociações. É a tentativa de democratizá-lo por meio da assimilação da chamada potência das ruas, levando-a para os gabinetes na forma de *sociedade civil organizada.* É a disputa do Estado, por meio da criação de políticas públicas, para beneficiar "os de baixo", incluí-los, sem enfrentar diretamente o lucro "dos de cima".

Em simultâneo a esse estímulo da *gestão compartilhada* das políticas públicas, as ações insurrecionais anarquistas respondiam à violência sistemática da polícia com paus e pedras, atirados tanto contra os soldados quanto contra bancos, concessionárias e prédios do Estado. A noção de insurrecional utilizada nesta pesquisa é a comentada na década de 1990 em conversações do anarquista Alfredo Bonanno com estudantes da faculdade de filosofia da Universidade de Florença, na Itália, do Instituto Politécnico de Atenas e da Faculdade de Direito de Tessalônica, ambos na Grécia, ainda que, conforme Bonanno afirma em "Tensão anárquica" (2019a)[10], a produção intelectual chame-a de teórica ou de discursiva, não está separada das lutas. Portanto, seria impossível falar de uma autoria de um conceito, um linguajar, uma denominação.

Mesmo assim, utilizo aqui a explicação de Bonanno por entendê-la como a mais viva, mais cuidadosa e, ao mesmo tempo, menos categórica. Conforme comentado por ele, o que alguns chamam

---

10. Essa publicação é resultado da transcrição de uma fala feita por ele na Universidade de Cuneo, Itália, nos anos 1990. O texto pode ser acessado em https://edicoesinsurrectas.noblogs.org.

de anarquismo insurrecional não é um tipo de anarquismo, como seriam o anarcossindicalismo, anarcocomunismo, anarcoindividualismo, entre outros, mas uma prática singular. E de qual prática se está falando? De acordo com ele, o termo se refere a uma prática que se dá a partir de uma organização informal, ou seja, grupos de afinidades articulados entre si para executar uma ação específica, seja ela uma campanha contra a construção de uma usina nuclear, pela liberação de prisioneiros, ou para executar ataques contra espaços simbólicos da propriedade privada e estatal. Tais organizações informais não possuem um caráter permanente e, diferentemente do que ele chama de organizações formais, que possuem uma estrutura fixa, permanente, o que se chama de anarquismo insurrecional não tem como objetivo maior a manutenção da organização e de seus programas, mas sim a efetividade da ação (BONANNO, 2019a). As articulações entre grupos de afinidade ocorrem a partir de um alvo específico. Em outras palavras, é a própria ação e a necessidade de articulação que promovem uma organização informal, e não o seu contrário, que seriam organizações permanentes se reunindo para pensar atividades em comum. Se trata de organizar o ataque, e não de enquadrar uma ação na programática do grupo x ou y. É a partir dessa definição de organização informal e grupos de afinidade que se entende o *bloco negro* como uma tática insurrecional anarquista.

O uso da tática e de *ações diretas* consideradas violentas gerou não só um desconforto na esquerda institucional, mas também em organizações anarquistas, que formularam críticas ao uso da violência, pois provinha de uma *minoria* e, na perspectiva de grupos como a Coordenação Anarquista Brasileira (CAB)[11], que pelo próprio nome de *coordenação* já enuncia seu objetivo de agrupar grupos anarquistas semelhantes para *coordenar* suas ações com o propósito

---

11. A Coordenação Anarquista Brasileira (CAB) foi formada em 2012 com o objetivo de articular nacionalmente as organizações de caráter especifista. Atualmente é composta pelos grupos: Organização Anarquista Socialismo Libertário de São Paulo (SP), Coletivo Bandeira Negra (SC), Coletivo Mineiro Popular Anarquista (MG), Fórum Anarquista Especifista (BA), Federação Anarquista do Rio de Janeiro (RJ), Federação Anarquista Gaúcha (RS), Organização Resistência Libertária (CE), Rusga Libertária (MT) e Federação Anarquista Cabana (PA). Disponível online.

de alcançar um objetivo *unificado*, ela só deveria ser praticada por um movimento de massa. A carta de princípios da CAB, divulgada em janeiro de 2014 na revista *Socialismo Libertário*[12], aponta a "organização como algo imprescindível e contrária ao individualismo e ao espontaneísmo" (CAB, 2014, p. 27). Tal posicionamento evidencia um dos enfrentamentos internos entre os anarquistas. Isso ocorre pelo caráter múltiplo do anarquismo, que engloba individualistas, coletivistas, anarcossindicalistas, entre outros. No caso de junho de 2013, o enfrentamento discursivo se deu, sobretudo, entre os grupos *especifistas*, em que se encontram os coletivos vinculados à CAB e os anarquistas ligados às táticas insurrecionais.

Para entender as diferenças de posicionamento, é preciso delimitar os dois campos. Conforme afirma a Organização Anarquista Socialismo Libertário (OASL), em "Anarquismo especifista e poder popular"[13], o termo *especifismo* foi forjado pela Federação Anarquista Uruguaia (FAU) e se refere ao entendimento de que a prática anarquista deve ser pensada a partir de dois eixos de ação: o político e o social.

O especifismo caracteriza-se, na prática, pela defesa de dois eixos fundamentais: a organização em níveis distintos e complementares dos anarquistas, que atuam tanto como membros da organização anarquista como dos movimentos populares [...] e a prática prioritária de trabalho e inserção social, no seio das lutas sociais. (OASL, 2011, p. 3)

Sob esse ponto de vista, os anarquistas se baseiam no dualismo organizacional, ou seja, *devem* se organizar em grupos especificamente anarquistas e terem uma inserção nos movimentos de massa enquanto *minorias ativas*, que *devem* trabalhar no objetivo de construir o chamado *poder popular*. Isso envolve "um processo de democratização dos organismos de base, um exercício da democracia solidária, de participação direta e de construção da consciência de classe" (OASL, 2011, p. 5) em vistas à revolução. O documento se refere ao *poder po-*

---

12. Cf. Revista Socialismo Libertário, n. 2. Janeiro de 2014. Disponível online.
13. Cf. "Anarquismo especifista e poder popular". Organização Anarquista Socialismo Libertário (OASL). São Paulo, 2011. Disponível online.

pular como o fortalecimento dos movimentos sociais com o objetivo de fortalecê-los e organizá-los enquanto classe, pois

[eles] são espaços privilegiados de organização das classes oprimidas e, portanto, os organismos a partir dos quais essas classes poderão acumular força social e aplicá-la no conflito de classes, visando superar a força das classes dominantes. [...] É, portanto, no seio das lutas que se constrói o poder popular e, por consequência outro sujeito histórico, tanto no pessoal como no coletivo. Um sujeito que não é determinado a priori, mas historicamente, no seio das lutas dos movimentos sociais. (OASL, 2011, pp. 6-9)

Desse modo, o *especifismo* se auto intitula como *anarquismo social* e *organizado,* fazendo oposição ao que seria uma prática anarquista apartada das lutas sociais e sem organização. Um dos textos utilizados como referência para essa diferenciação feita pela OASL é "Anarquismo social e anarquismo como estilo de vida", de Murray Bookchin[14], que inclusive consta no *programa* de formação unificado entre a OASL e a Federação Anarquista do Rio de Janeiro (FARJ).

Bookchin (2011) entende o anarquismo social como uma corrente que carrega uma "essência" herdeira da tradição iluminista. Ela seria baseada em quatro princípios: "uma confederação de municipalidades descentralizadas, uma firme oposição ao estatismo, uma crença na democracia direta e um projeto de uma sociedade comunista libertária" (BOOKCHIN, 2011, p. 19). A partir do autor, a FARJ complementa que o anarquismo social "é um modelo de anarquismo que, como ideologia, busca ser o fermento dos movimentos sociais e da organização popular, com o objetivo de superar o capitalismo, o Estado, e de construir o socialismo libertário" (FARJ, p. 15). Na leitura especifista, essa *superação,* esse objetivo finalista seria alcançado quando a *força das classes oprimidas* superasse as *forças das classes dominantes.* Em simultâneo ao texto de Bookchin, publicado originalmente na última década do século XX, a discussão acerca da

---

14. Murray Bookchin (1921-2006), autor estadunidense, iniciou sua militância no trotskismo, corrente marxista sobre a qual teceu críticas, mas que influenciou grande parte de seus escritos. Na década de 1960 se aproximou do anarquismo e chegou a integrar a Liga Libertária. É considerado um dos fundadores da ecologia social, do municipalismo libertário e influenciador do chamado *anarquismo social.*

maneira pela qual o anarquismo autointitulado como organizacional se coloca como o verdadeiro anarquismo já vinha sendo feita.

Em "Para dar um fim aos sábios juízos! Conversação com anarquistas de ontem e de hoje" (2009, pp. 73-74), Edson Passetti e Acácio Augusto já alertavam que o especifismo assume uma política partidária no movimento anarquista, "mesmo quando o partidarismo se apresenta como posicionamento ao lado da classe e dos movimentos sociais, perigosamente ele dá as costas para as outras atitudes insurgentes". Isso ocorre pelo fato de o anarquismo organizado ter escolhido "entrar por dentro das instituições, considerar etapas a serem cumpridas, negociar soluções tópicas e desprezar as lutas pela liberdade no mísero cotidiano estabelecido nas assujeitadas relações de trabalho".

Nesse sentido, Bookchin e seus seguidores não levam em conta as relações de poder internas da *classe oprimida*, as práticas de assujeitamento e o governo dos súditos pelos próprios súditos, objetivando apenas inverter a pirâmide, tal como defendem Marx e Engels no "Manifesto do Partido Comunista". Além disso, tanto os marxistas quando os *especifistas* rejeitam toda ação individual e *espontânea*. O *especifismo prega* que o *verdadeiro anarquismo* se baseia na aglutinação de anarquistas em torno de um *programa comum,* tendo a estrutura organizacional como um elemento central para transformar a *ideologia* dos movimentos populares e alcançar o seu objetivo finalista.

Para expor a negação de ações que escapem desse programa revolucionário especifista é necessário explicar a definição de Bookchin (2011) sobre "o anarquismo como estilo de vida", visto que esta é uma categoria criada por ele para enquadrar e, no limite, invalidar outras práticas anarquistas que se diferenciem de seu "*real* anarquismo". O autor classifica o que ele chama de anarquismo de estilo de vida e o anarcoindividualismo como uma ideologia liberal e pequeno-burguesa. Afirma também que

ao negar as instituições e a democracia, o anarquismo de estilo de vida isolase da realidade social para que assim possa esfumar-se com uma fútil raiva ainda maior, continuando, por meio disso, a ser uma travessura subcultural para ingênuos jovens e entediados consumidores de roupas pretas e pôsteres excitantes. [...] O poder, que sempre existirá, pertencerá ou ao coletivo, em uma democracia cara-a-cara e claramente institucionalizada, ou aos egos de poucos oligarcas que produzirão uma 'tirania das organizações sem estrutura'. [...] O isolamento do anarquismo de estilo de vida e seus fundamentos individualistas devem ser considerados responsáveis por restringir o desenvolvimento do ingresso de um potencial movimento libertário de esquerda numa esfera pública cada vez mais reduzida. (BOOKCHIN, 2011)

Ao contrário do que o autor afirma, o anarquista individualista não se isola da sociedade, negando a existência das instituições e da democracia. Pelo contrário, faz das suas práticas cotidianas um enfrentamento aberto contra a sociedade, pois tem interesse em ver a decomposição, agindo como um *fermento-destrutor*, combatendo qualquer regime ou combinação autoritária (ARMAND, 2003, p. 68). Não se esconde atrás de um projeto futuro com um trajeto no qual o indivíduo deve se sacrificar pela coletividade nem se presta a fazer o papel de reformador da democracia e das instituições. Traz para o presente, pois é somente o que existe; o passado *já não é mais* e o futuro é o *ainda não*. O anarcoindividualismo é uma declaração de guerra tanto contra o capitalismo, o Estado e as relações de poder que os atravessam e os sustentam, como também contra "os messias, os redentores, o pontífice católico e o *dómine* anarquista" (ARMAND, 2003, p. 129).

Devido à não submissão aos programas revolucionários finalistas, o anarquismo individualista é categorizado por Bookchin (2011) como responsável pela falta de sucesso do "movimento libertário de esquerda numa esfera pública", assim como fazem os teóricos da revolução de caráter marxista-leninista. Émile Armand (1872–1962), autor de alguns dos principais escritos do anarcoindividualismo, chamava a atenção para esse fato já no início do século XX: "Se declama muito contra as leis, as mentiras convencionais, os preconceitos sociais e as travas morais, mas praticamente não se chega a uma posição irredutível de desobediência. E desgraçado daquele que não respeita o dogma ou não responde ao modelo anarquista! Irremediavelmente será desqualificado pelos que se creem pontífices para interpretar as ideias" (ARMAND, 2007, p. 117).

Entende-se aqui nesta pesquisa, em consonância com os apontamentos de Passetti e Augusto (2009), que a crítica estereotipada ao anarcoindividualismo, promovida por Bookchin (2011), está no mesmo campo do ataque de Lenin aos anarquistas no texto *Esquerdismo, doença infantil do comunismo*, para quem o anarquismo era uma força pequeno-burguesa inimiga da revolução. Sobre o anarquismo, afirma Lenin,

> São por demais conhecidas a inconstância e a esterilidade dessas veleidades revolucionárias, assim como a facilidade com que se transformam rapidamente em submissão, apatia, fantasias, e mesmo num entusiasmo 'furioso' por essa ou aquela tendência burguesa 'em moda'[...] O que mais contribuiu para debilitar o anarquismo na Rússia foi a possibilidade que teve no passado (década de 70 do século XIX) de alcançar um desenvolvimento extraordinário e revelar profundamente seu caráter falso e sua incapacidade de servir como teoria dirigente da classe revolucionária. (LENIN, s/d, p. 9)

A oposição entre os *verdadeiros revolucionários* e os *contrarrevolucionários pequenos-burgueses*, presente tanto em Bookchin e os especifistas quanto em Lenin, é a forma histórica pela qual, para defender seu programa, seja ele de uma *organização* ou de um *partido de vanguarda*, cria-se um estereótipo sobre as outras perspectivas para se colocar na posição de verdadeiro defensor da revolução, o *verdadeiro*, o *justo*.

Retomando junho de 2013, esse ponto se explicita nas produções discursivas acerca do *bloco negro*. Como já mencionado anteriormente, para os especifistas a revolta só se justifica com a participação das massas por meio da consolidação do poder popular, condicionado ao projeto revolucionário futuro. Nessa concepção de revolta, é excluída a prática do *bloco negro*, mais condizente com o aspecto *minoritário* dos grupos de afinidade, do que com a consolidação do poder popular e de uma *maioria* legítima.

De acordo com Acácio Augusto (2006, p. 139), a noção de grupos de afinidade se refere às práticas baseadas em associações que são formadas a partir da proximidade das pessoas entre si, "garantindo que as relações entre as associações se fundem pela afinidade que cada associação tem com as práticas anarquistas específicas". Cabe elucidar que essas *práticas anarquistas específicas* nada tem a ver com o anarquismo especifista. Elas se referem a táticas específicas de ação, são pontuais, são associações livres e temporárias, ao contrário do anarquismo especifista, que se propõe a organizar os anarquistas a partir de um projeto de revolução futura.

Francis Dupuis-Déri (2014) situa que a formação de grupos de afinidade surgiu nas primeiras décadas do século XX, na tradição anarquista espanhola. Em 1927, a Federação Anarquista Ibérica (FAI), que teve uma atuação decisiva na revolução social espanhola em 1936, assim como no posterior combate ao fascismo de Francisco Franco, já se organizava a partir dos grupos de afinidade. Como afirma o autor, tais grupos podem ser compostos por meia dúzia ou várias dezenas de pessoas. Não há uma estrutura *a priori* a ser aplicada. As pessoas se associam a partir de laços que os ligam, num entrelaçamento entre a amizade e a solidariedade. Dupuis-Déri (2014) vai chamar isso de círculo de *amilitância*, ou seja, a importância da amizade nas associações aparece como a negação da imagem tradicional do militante, em que as identidades são determinadas, em grande parte, por uma filiação política maior.

Nesse sentido, as *ações diretas* anarquistas não se submetem à espera de uma revolução finalista, teleológica, mas se baseiam numa prática revolucionária no aqui e agora, no presente. A noção tradicional de *revolução política* é oriunda da física, utilizada para se referir a um "movimento circular ou elíptico no qual um móvel volta à sua posição inicial", e da astrologia, "movimento de um corpo astral em torno de um corpo principal; retorno periódico de um corpo astral a um ponto da própria órbita"[15]. É um movimento circular que, com a sua rotação, leva o corpo a ocupar o mesmo local. No caso de sua aplicação no campo da sociedade, o termo *revolução política* designa a tomada do Estado a partir de um movimento de rotação total fundado na substituição de um projeto político por outro.

Pierre-Joseph Proudhon detectou, já no século XIX, que apesar de todos os embates entre as forças, a *revolução política* perpetua a

---

15. Definições retiradas do dicionário Houaiss da Língua Portuguesa.

autoridade e reconfigura a soberania, conforme o ocorrido na Revolução Francesa. Frente a isso, desenvolve a noção de *revolução permanente*. Cabe ressaltar, como fazem Passetti e Resende (1986, p. 19), que Proudhon "afirma não ter um projeto de sociedade, postulando antes um método de análise que possibilite detectar o movimento da história". O método *proudhoniano* de análise é composto por duas séries: Liberdade e Autoridade, onde uma não existe sem a outra e, portanto, não há absoluto. O que ocorre é que elas se apresentam em um movimento infinito. Como explicam Passetti e Resende (1986, p. 19), "é uma revolução que não tem fim, permanente, com resultados irreversíveis, cuja dinâmica é a de fortificar-se e ampliar-se na produção da resistência encontrada".

Emma Goldman (2007) trabalha tal perspectiva a partir da noção de *revolução social*, que emerge nas práticas discursivas dos anarquistas no entresséculos. Ao analisar a maneira pela qual o projeto bolchevista suprimiu as iniciativas libertárias durante a chamada Revolução Russa de 1917, a anarquista identifica duas tendências incompatíveis: o Estado e a revolução social. O Estado possui um caráter centralizador, atua como uma força centrípeta, com "a tendência de concentrar, reduzir e controlar todas as atividades sociais". Em sentido oposto, a revolução social é uma força centrífuga, descentralizadora, que "tem a vocação de crescer, ampliar-se e difundir-se em círculos cada vez mais largos" (GOLDMAN, 2007, p. 96). Diferentemente da *revolução política*, que restitui a soberania, a *revolução social* é realizada por meio de uma mudança nos costumes e nas práticas cotidianas.

De nada adianta destruir um regime tirânico se as práticas autoritárias se mantêm. De nada adianta abolir formalmente as decisões hierárquicas se as relações continuarem a se basear na obediência e na submissão. É nesse sentido que as práticas de *ação direta* libertárias ampliam a série liberdade e são a maneira pela qual se pode praticar a anarquia no presente. As *ações diretas* anarquistas, na perspectiva de uma revolução social permanente, estão intimamente relacionadas ao *militantismo* como forma de vida. Foucault (2011, p. 161) reintroduz essa noção a partir da identificação do caráter trans-histórico do modo de vida cínico, que seria uma "manifestação irruptiva, violenta, escandalosa da verdade". Diferentemente do militante tradicional, que deve se adequar ao programa de uma organização para alcançar, num futuro virtual, sua salvação, a prática do militantismo como forma de vida traz para o cotidiano a prática revolucionária, gera um curto-circuito na teia das relações de poder ao constituir relações de liberdade sem pastores e soberanos. "Esse estilo de vida próprio do militantismo revolucionário, que assegura esse testemunho pela vida, está em ruptura, deve estar em ruptura com as convenções, os hábitos, os valores da sociedade. E ele deve manifestar diretamente, por sua forma visível, por sua prática constante e sua existência imediata, a possibilidade concreta e o valor evidente de uma outra vida" (FOUCAULT, 2011, p. 161).

Nesse sentido, a perspectiva anarquista de revolução social permanente por meio da *ação direta* escandaliza a verdade e se lança no risco de enfrentar não somente o Estado, mas a própria sociedade fundada no princípio da autoridade. Se trata de ampliar a série Liberdade, reduzindo a Autoridade ao mínimo. A pessoa que assim vive, não espera *as condições materiais favoráveis* para enfrentar o *status quo*, mas tem a coragem de alterar a si mesmo e aqueles com quem se relaciona no agora, colocando seu próprio corpo em risco, que, no limite, corre o risco de morrer.

O medo da cólera da revolta
Criminalizações, alcaguetagens e o discurso dos direitos humanos

Para além da questão organizativa, o exercício da violência foi central em Junho, tanto é que manifestantes fardados com camisetas de partidos políticos se colocavam entre as vidraças dos bancos e o *bloco negro*, enquanto gritavam "sem vandalismo! Sem violência", em uma situação similar ao que ocorreu durante as manifestações antiglobalização, como mostrado por Dupuis-Déri (2014). Em ambos os casos, a rebelião considerada válida era a que atentava contra um governo visando reformar seu exercício e o investimento em políticas públicas, por exemplo, diferentemente de quando se trata de revoltas e insurreições, que atacam o lugar da soberania. Essas são delatadas, denunciadas, coagidas. Durante Junho,

…apesar da recusa à polícia, não houve um confronto mais direto com o poder judiciário e a forma como forças conservadoras conseguiram *hackear* as ruas, especialmente após o dia 19 de junho. [...] O desbloqueio provocado pela revolta levou para as ruas e para o enfrentamento direto e franco, de um lado, as forças represadas até então pelas artimanhas de gestão, que se mostravam eficientes na pacificação dos conflitos sociais por meio de uma codificação política e de direitos, mesmo sob forte ataque de alguns setores conservadores da sociedade, e, de outro lado, resistências de grupos minoritários não pacificados pela gestão. O *agonismo* das forças se apresentava cruamente, sem as delimitações e pacificações do jogo democrático institucional. É nesse sentido que *junho de 2013* se inscreve como algo ingovernável e como aquilo que trouxe à tona o insuportável.
(AUGUSTO, 2016, pp. 61–62)

Essas *ações diretas* provocaram um incômodo também nas chamadas organizações de esquerda. De acordo com o texto publicado em 1 de agosto de 2013 pelo Partido Socialista dos Trabalhadores Unificado (PSTU), as pessoas que praticam a tática do *bloco negro*

entram nas passeatas e, sem que tenha havido qualquer deliberação por parte dos manifestantes ou dos grupos que organizaram o protesto, atacam de forma provocativa a polícia, que reage, sistematicamente, reprimindo e muitas vezes acabando com as mobilizações. [...] Mas se esses grupos, aparentemente radicais, são equivocados no que se refere ao método de ação, também possuem outra grave limitação: a falta de um programa revolucionário. (PSTU, 2013)[1]

Em continuidade a essa tentativa de separar as ações políticas consideradas válidas de outras que deveriam ser coibidas, uma publicação feita no ano seguinte, mais precisamente em 16 de junho de 2014, por Zé Maria, então candidato à presidência da República pelo referido partido, afirma que os enfrentamentos devem ser condenados, pois, segundo ele "trazem apenas prejuízo político para as lutas dos trabalhadores, pois servem apenas para justificar mais repressão contra os que lutam por seus direitos".[2]

O incômodo causado pelo *bloco negro* e pelo uso da violência também foi manifestado nas palestras de certos filósofos. Entre os dias 13 de agosto e 3 de outubro de 2013 a cidade do Rio de Janeiro sediou o evento Violência Interior, com organização do jornalista Adauto Novaes junto com a Feira Literária das Unidades de Polícia Pacificadora (FLUPP) e Marion Loire, do Consulado Francês do Rio de Janeiro.

A programação incluiu 12 conferências de intelectuais como Frédéric Gros, Marilena Chauí, Vladimir Safatle, Olgária Matos, Eugênio Bucci, José Miguel Wisnik, entre outros, para discutir a questão da violência. Segundo Íbis Silva Pereira, então comandante da Academia da Polícia Militar (APM-RJ), o evento foi pensado para possibilitar "uma compreensão ampliada do ofício policial, a partir

---

1. Cf. CRUZ, "Uma polêmica com os 'black blocs'. PSTU, 01/08/2013. Disponível online.
2. Cf. "Relacionar o PSTU aos black blocs é má fé ou desinformação". PSTU, 16/06/2014. Disponível online.

da associação entre o bem se conduzir com o bem pensar", o que ele chama de *policiamento ético*. Na divulgação do ciclo de palestras, o diretor-geral da Feira Literária das UPPs, Julio Ludemir, escreveu que "não há nada mais oportuno do que discutir a violência com a polícia. (...) É um erro brutal confundir o necessário respeito à autoridade com autoritarismo. A sociedade só tem a perder com isso. A começar pela polícia." E conclui: "Desarmemos o espírito. E vamos ao debate".

No dia primeiro de outubro, foi a vez de Frédéric Gros falar para uma plateia de 450 policiais militares. Conforme descreve a matéria da *Folha de S. Paulo* intitulada "Evento com filósofo traz alternativa ao 'pé na porta'"[3], a principal questão levantada pelos ouvintes era "como agir durante as manifestações".

Em um determinado momento, Íbis Silva Pereira, na época coronel da APM, interrompeu o filósofo e afirmou: "Se fosse só a violência policial era fácil de resolver: acabava-se com a polícia. Mas é muito mais complexo que isso. Precisamos buscar estratégias, não apenas o Batalhão de Choque".

Marilena Chauí, em sua palestra de 26 de agosto, discorreu sobre os praticantes de *ações diretas* consideradas violentas, chegando à seguinte conclusão: "Temos três formas de se colocar. Coloco os black blocs na fascista. Não é anarquismo, embora se apresentem assim. Porque, no caso do anarquista, o outro [indivíduo] nunca é seu alvo. Com os black blocs, as outras pessoas são o alvo, tanto quanto as coisas".

Nessa fala, duas questões saltam aos olhos. A primeira delas é que Chauí enquadra o *bloco negro* como sendo um grupo, e não uma tática, e afirma que "eles" têm como alvo as pessoas e as coisas. Esse argumento proferido por ela reforça a continuação dos inquéritos policiais que buscam investigar e punir as pessoas envolvidas em casos de depredação e enfrentamento com a polícia. Ao falar para uma plateia fardada sobre o quanto o *bloco negro* deve ser combatido, pois, de acordo com ela, ataca-se pessoas, desconsidera

---

[3]. Cf. "Evento com filósofo traz alternativa ao pé na porta". *Folha de S. Paulo*, 20/10/2013. Disponível online.

o objetivo da própria polícia para quem ela fala. Além disso, um dos argumentos utilizados para desqualificar o *bloco negro* foi o de afirmar que não expressa uma *violência revolucionária*. "Ela só se realiza se há um agente revolucionário que tem uma visão do que é inaceitável no presente e qual a institucionalidade futura que se pretende construir"[4]

Por fim, a *filósofa* completa: "É preciso que as manifestações pegassem [sic] como tema a reforma política e tributária". Nota-se que, além do esforço *policialesco* de invalidar uma tática de ação e criminalizá-la, há também uma tentativa de neutralizar o ingovernável da revolta, seja enquadrando-a como um movimento reivindicatório ou vinculando-a com o discurso da crise da democracia e do Estado democrático de direito.

A revolta está no campo do ingovernável, daquilo que escapa. É o *não mais* que abre um campo da liberdade, de infinitas possibilidades. Está além do que um ato de reivindicação (CAMUS, 2017). Aquele que se revolta, o insurrecto, não pede, não elege um ideal abstrato, não reclama um bem ou um direito do qual teria sido privado. Apesar de pertencer à história, escapa dela. Michel Foucault (2004) afirma que

O movimento com que um só homem, um grupo, uma minoria ou todo um povo diz: 'Não obedeço mais', e joga na cara de um poder que ele considera injusto o risco de sua vida — esse movimento me parece irredutível. Porque nenhum poder é capaz de torná-lo absolutamente impossível: Varsóvia terá sempre seu gueto sublevado e seus esgotos povoados de insurrectos. E porque o homem que se rebela é em definitivo sem explicação, é preciso um dilaceramento que interrompa o fio da história e suas longas cadeias de razões, para que um homem possa, 'realmente', preferir o risco da morte à certeza de ter de obedecer. (FOUCAULT, 2004, p. 77)

O anarquismo é indissociável do exercício da revolta. Mikhail Bakunin (2008), em *Deus e o Estado*, situa: o que constitui o ser humano enquanto tal é a faculdade de pensar e a necessidade de se revoltar.

---

4. Cf. "'Black Blocs agem com inspiração fascista', diz filósofa a PMs". Correio 24 horas, 26/08/2013. Disponível online.

Essas duas faculdades, combinando sua ação progressiva na história, representam propriamente o 'fator', o aspecto, a potência negativa no desenvolvimento positivo da animalidade humana, e criaram por conseguinte tudo o que constitui a humanidade nos homens. (BAKUNIN, 2008, p. 13)

Para ele, a revolta é uma espécie de força motriz das lutas contra a dominação e contra o exercício de poder e, portanto, deve ser uma condição permanente daqueles que combatem o princípio da autoridade. Como comenta Acácio Augusto (2014 p. 164) sobre o texto de Bakunin, para este, a revolta aparece como a expressão da mais alta potência da vida humana. "Fora da atitude permanentemente de revolta não há existência, apenas vida biológica disponível às inúmeras práticas de governo do outro e que buscam limitá-la". Nas palavras de Bakunin,

A revolta é um instinto da vida; até mesmo o verme revolta-se contra o pé que o esmaga, e pode-se dizer que, em geral, a energia vital e a dignidade comparativa de todo animal comparam-se à intensidade do instinto de revolta que ele traz em si. No mundo selvagem, bem como no mundo humano, não há faculdade ou hábito mais degradante, mais estúpido e mais covarde do que obedecer e resignar-se. Pois bem, declaro que nunca houve um povo tão degradado sobre a sua terra que não se tenha revoltado, pelo menos no começo de sua história, contra o jugo de seus conquistadores, dominadores, exploradores, contra o jugo do Estado. (BAKUNIN, 2016, p. 294)

Em suma, para os anarquistas só pode ser a revolta, "mãe de toda liberdade", a base da prática de liberdade. E essa afirmação da liberdade, o insuportável escandalizado pela revolta nas práticas consideradas violentas incomodava tanto os *cidadãos de bem* nas ruas quanto nas cortes internacionais de direitos humanos. Em um documento sobre o uso da violência nas manifestações, de 20 de junho de 2013, a Comissão Interamericana de Direitos Humanos afirmou: "A dispersão de uma manifestação deve ser justificada pelo dever de proteção às pessoas. O uso da força em manifestações públicas deve ser excepcional e em circunstâncias estritamente necessárias, conforme os princípios internacionalmente reconhecidos" (CIDH, 2013).

Tal posicionamento está alinhado com o Marco Jurídico Interamericano Sobre o Direito à Liberdade de Expressão (2009), da mesma organização. O documento tem como objetivo defender a *liberdade de expressão*, contanto que esteja condizente com as leis e a ordem, princípios básicos da democracia liberal. Caso contrário, na perspectiva dos *direitos humanos*, se apresentarem um risco às instituições democráticas, o uso de violência por parte do Estado é necessário. "A invocação de qualquer prejuízo para a ordem pública como justificativa para restringir a liberdade de expressão deve obedecer a causas reais e objetivamente verificáveis, que postulem a ameaça certa e crível de uma perturbação potencialmente grave das condições básicas para o funcionamento das instituições democráticas" (CIDH, 2009, p. 27)[5]

O discurso de direitos humanos tem por objetivo interceptar as manifestações e revoltas populares para garantir atos *pacíficos* e justificar a intervenção do Estado e seus fuzis quando este entender que existe um risco de um distúrbio grave, quando as pessoas utilizem da violência nas ruas. No Brasil, após junho de 2013, o Estado realizou um investimento de aproximadamente R$ 2 bilhões em equipamentos e táticas de contenção das manifestações. Nesse valor estavam incluídas novas vestimentas para a polícia de choque, como armaduras e máscaras, bombas de gás, granadas de estilhaço, balas de borracha, sprays de pimenta, drones, carros blindados, entre outros.[6] Além disso, nesse *investimento em segurança* foram compradas câmeras de vigilância com capacidade de realizar o reconhecimento de até 400 rostos por segundo, bem como armazenar as imagens coletadas em um banco de dados próprio da polícia.

Cabe ressaltar que a Declaração Universal dos Direitos Humanos (DUDH) foi escrita em 1948, antes do período chamado de "Guerra Fria", com o objetivo da democracia se tornar um valor absoluto e conter o avanço do socialismo, entendido como mais uma forma de totalitarismo, para outros países. Inclusive os golpes de Estado posteri-

---

5. Cf. "Marco jurídico interamericano sobre o direito à liberdade de expressão". Comissão Interamericana de Direitos Humanos (CIDH). Disponível online.
6. Cf. "Dossiê Copa pra quem?". Comitê Popular da Copa SP. Disponível online.

ores, sobretudo na América Latina, tinham como discurso resguardar as instituições democráticas das ameaças externas (Revolução Cubana, por exemplo) e internas (ligas camponesas, lutas operárias dos sindicatos, etc). Em simultâneo ao discurso retórico apresentado nas cortes internacionais, nas relações internas a voz do Estado aparece no estalar do cassetete, no corte da espada, no estouro da bomba, no arranhar das grades das prisões, nos barulhos de tiros que acertam cotidianamente pretos e pobres, na violência da farda, no terrorismo dos fuzis das ironicamente chamadas "forças pacificadoras". Essa é a violência aceita, pois ela tem como justificativa reestabelecer a ordem e a paz. É o Estado que "tem para si todo o direito da força, o argumento triunfante do fuzil" (BAKUNIN, 2008, p. 80).

Para além da compra de armas, o Estado brasileiro investiu no intercâmbio de táticas de ação policial com outros países. Em 2006, por exemplo, a Polícia Militar de São Paulo realizou um evento em comemoração ao centenário da Missão Francesa de Instrução da Força Pública na Academia do Barro Branco, com a participação do cônsul-geral da França, Jean Marc Gravier. Na ocasião, o tenente-coronel Arruda destacou que o evento, para além de marcar o centenário da Missão, é um "propulsor de novos conhecimentos, de troca de experiências, busca de novas tecnologias"[7]. Não se pode esquecer que a Gendarmerie tem como um de seus valores conhecidos e explicitados o *peur du gendarme*, que em tradução literal significa *medo da polícia*.

Em setembro de 2012 os cachorros do Batalhão de Ações com Cães (BAC) da Polícia Militar do Rio de Janeiro receberam, durante quinze dias, um treinamento especializado da Raid, unidade especial da Polícia Nacional da França. O objetivo era ampliar o conhecimento dos cachorros policiais na busca de explosivos com a memorização de cheiros de diferentes materiais. Os policiais brasileiros também ensinaram aos franceses as técnicas de uso de cães em "situação de enfrentamentos", o que implica "treinamento exaustivo para que o animal possa atacar de maneira adequada e definitiva os

---

7. Cf. "Segurança: centenário da missão militar francesa de instrução da PM". Governo do Estado de SP, 24/03/2006. Disponível online.

criminosos em ação". O treinamento ocorre uma vez por ano desde 2009.[8]

Também em São Paulo, na madrugada de 11 de outubro de 2013, 37 policiais de diferentes agrupamentos, como o Comando de Operações Especiais (COE), o Grupo de Ações Táticas Especiais (GATE) e o Canil da PM, junto com 7 policiais da Gendarmerie Nationale Française, participaram de uma simulação de um ataque terrorista com reféns na estação Paraíso do metrô. Na semana anterior, a PM de São Carlos e Rio Claro, ambos municípios do interior paulista, recebeu um treinamento semelhante. Nos dois casos, os ambientes da simulação foram um avião, um trem e um ônibus. A polícia se negou a fornecer detalhes da ação por considerar essas informações como "estratégicas". Estima-se que cerca de 2 mil policiais participaram desse treinamento e, segundo informações oficiais, estes serão replicadores do que foi ensinado pela polícia francesa[9].

Por conta da realização da Copa do Mundo de Futebol de 2014 e as Olimpíadas de 2016, ambas realizadas no Brasil, a polícia brasileira aumentou a recorrência dos treinamentos com agentes de outros países, sobretudo os franceses. Em 12 de novembro de 2014, na cidade do Rio de Janeiro, mais especificamente no Estádio do Maracanã, dois policiais franceses da Divisão Nacional de Enfrentamentos a Torcedores Violentos na França ministraram um treinamento para 32 policiais de oito unidades da PMRJ. A proposta era ensinar a maneira pela qual a polícia francesa lida com torcedores que estejam causando "problemas" nas arquibancadas. Um aspecto do treinamento que chama a atenção é a presença constante de um policial com uma câmera, para filmar toda a ação e assim, de acordo com o coronel João Fiorentini, então Comandante do Grupamento Especial em Estádios, "proteger a ação policial por possíveis acusações de abuso de autoridade e também para servir como prova

---

8. Cf. "Cães da polícia do Rio aprendem técnicas francesas de treinamento que incluem uso de botas especiais". UOL Notícias, 03/09/2012. Disponível online.
9. Cf. "PM faz treinamento para a Copa do Mundo com a polícia francesa". *Folha de S. Paulo*, 11/10/2013; "SP: GATE e polícia francesa fazem treinamento antiterrorismo no metrô". Terra, 11/10/2013; "PM de SP recebe treinamento francês sobre como reagir a ataques terroristas". R7, 11/10/2013. Disponível online.

contra o torcedor infrator". Esse intercâmbio entre os policiais do Rio de Janeiro e da França teve a participação organizativa anunciada da Embaixada da França, que colaborou com a realização dos encontros entre a polícia dos dois países. Foram realizadas também aulas teóricas no Batalhão de Choque da PMRJ, mas o conteúdo não foi divulgado.[10]

Em abril de 2015 o Cônsul-geral da França em São Paulo, Damien Loras, condecorou o Coronel Renato Cerqueira Campos, da PMSP, com a Ordem Nacional do Mérito pelo reconhecimento de seu "comprometimento no âmbito da promoção da cooperação entre os serviços da polícia francesa da Direção de Cooperação Internacional (DCI) e o Estado de São Paulo".[11]

No dia 19 de setembro de 2016, o Cônsul-geral da França, Brieuc Pont, participou de um encontro com Mágino Alves, então Secretário Estadual de Segurança Pública de São Paulo. Estiveram presentes, acompanhado do Cônsul-geral Adjunto, Philippe Collin; do Cônsul adjunto encarregado de assuntos políticos e imprensa, Thibault Samson; e da equipe da DCI, Direction de Coopération Internationale. O objetivo do encontro, conforme divulgado pelo consulado francês, foi o de tratar da possibilidade de cooperação entre a França e o Estado de São Paulo na área de segurança.[12].

No mesmo ano, por conta da proximidade dos Jogos Olímpicos de 2016, que seriam realizados no Brasil, a PM do Rio de Janeiro passou por uma série de treinamentos. Em maio de 2016, agentes franceses participaram de um treinamento com policiais do Batalhão de Ações com Cães (BAC) no Aeroporto Internacional Tom Jobim, no Rio. A atividade foi parte do curso "Condutores de Cães Farejadores", que era uma condição necessária para a "certificação"

---

10. Cf. "PM do Rio faz no Maracanã primeiro treinamento para Olimpíadas". G1, 12/11/2014. Disponível online.
11. Cf. "Cônsul Geral condecora Coronel da Polícia Militar de São Paulo". Consulado-Geral da França, 15/04/2015. Disponível online.
12. Cf. "Cônsul Geral se reúne com Secretário de Segurança Pública de São Paulo". Consulado-Geral da França,20/09/2016. Disponível online.

dos cães utilizados pelos policiais durante as Olimpíadas no Rio de Janeiro.[13]

Seis meses depois, em novembro, 50 PMs da cidade do Rio de Janeiro passaram por um treinamento ministrado por três agentes da Polícia Nacional da França. Em entrevista à imprensa, a coordenadora do curso, a tenente Anne Christine Poinchon, afirmou que apesar de o Brasil não ser alvo de ataques terroristas, o treinamento era importante na questão de lidar com manifestações. "Talvez a maior preocupação por aqui deva ser com os black blocs e grupos insatisfeitos com o governo, que podem organizar manifestações mais violentas", afirmou a tenente[14]. Em maio de 2017, o treinamento ocorreu no estado do Paraná, quando policiais do grupo Tático Integrado de Grupos de Repressão Especial da Polícia Civil do Paraná (Tigre), do Centro de Operações Policiais Especiais (COPE) e soldados da PM foram treinados durante duas semanas por integrantes da Polícia Nacional Francesa para lidar com casos de ataque terrorista com reféns em locais como cinema e aviões. O curso contou com treinamentos táticos, práticos e aulas teóricas.[15]

Apesar das ocorrências destes treinamentos terem aumentado após junho de 2013 e com a aproximação da Copa do Mundo de 2014 e das Jogos Olímpicos de 2016, esse *investimento em segurança* é uma prática estimulada pela racionalidade neoliberal, na qual a democracia se torna um valor pretensamente universal e indissociável da segurança.

O esforço feito por todo e qualquer governo incide justamente na razão de que é preciso estimular a obediência. Seja quem for que assuma o controle do Estado, seja uma ditadura, uma democracia representativa ou participativa, um governo de extrema-direita ou de esquerda, a burguesia ou o proletariado organizado, as leis, os tribunais, a polícia, a burocracia e as prisões continuarão existindo.

---

13. Cf. "BAC realiza treinamento com policiais franceses para as Olimpíadas no Rio". G1, 25/05/2016. Disponível online.
14. Cf. "Agentes da Polícia Nacional da França ajudam treinar policiais do Rio". *O Globo*, 19/11/2015. Disponível online.
15. Cf. "Grupo Tigre conclui treinamento de elite com a polícia francesa". Paraná Portal, 07/05/2017. Disponível online.

Qual é o princípio fundamental da antiga sociedade, burguesa ou feudal, revolucionária ou de direito divino? É a *autoridade*, quer a façamos vir do céu ou a deduzamos, com Rousseau, da coletividade nacional. Assim disseram, por sua vez, assim fizeram os comunistas. Eles concentravam tudo na soberania do povo, no direito da coletividade: sua noção de poder ou de Estado é absolutamente a mesma que a de seus antigos mestres. Que o Estado seja intitulado império, monarquia, república, democracia, ou comunidade, é, evidentemente, sempre a mesma coisa. (PROUDHON, 1986, p. 113)

A diferença central é: na democracia que respeita os direitos humanos e que é por ele defendida, podemos votar em quem tem o *direito* do uso da violência, em quem deve comandar os assassinatos feitos pela polícia, quem deve comandar as políticas de controle dos corpos, quem deve elaborar as ações terroristas e as intervenções militares. Um dos casos em que isso se evidenciou foi a criação do documento de Garantia de Lei e da Ordem (GLO) pelo Estado brasileiro em 2013. O documento oficial foi assinado em 2013, durante o governo Dilma Rousseff (PT), pelo então Ministro da Defesa, Celso Amorim, e afirma que a GLO é uma operação militar feita pelas Forças Armadas que tem por objetivo "a preservação da ordem pública e da incolumidade das pessoas e do patrimônio em situações de esgotamento dos instrumentos para isso previstos no art. 144 da Constituição ou em outras em que se presuma ser possível a perturbação da ordem".

Se trata da aplicação das Forças Armadas em atividades de segurança pública, outorgando a elas o papel de polícia no combate ao inimigo interno, denominado como forças oponentes, ou seja, "pessoas, grupos de pessoas ou organizações cuja atuação comprometa a preservação da ordem pública ou a incolumidade das pessoas e do patrimônio", quando forem constatadas situações de ameaça, identificadas como "atos ou tentativas potencialmente capazes de comprometer a preservação da ordem pública ou a incolumidade das pessoas e do patrimônio, praticados por *F Opn* previamente identificadas ou pela população em geral". Para combater as chamadas Forças Oponentes, as Forças Armadas têm a diretriz de utilizar como instrumentos tanto o uso da violência explícita, com fuzis, tanques e ocupações de territórios, bem como o emprego de Operações Psicológicas. Essas últimas têm como função prescrita:

▷ Obter a cooperação da população diretamente envolvida na área de operações, desenvolvendo uma atitude contrária às *F Opn* e outra favorável às forças empregadas;
▷ Estimular as lideranças comunitárias favoráveis às operações;
▷ Enfraquecer o ânimo e o moral das *F Opn* compelindo-os à desistência voluntária; e
▷ Fortalecer o sentimento de necessidade do cumprimento do dever na força empregada, aumentar o seu potencial de engajamento e torná-la imune às atividades de cunho psicológico das *F Opn*.

O texto GLO foi utilizado para nortear e justificar as ações militares em favelas do Rio de Janeiro, como é o caso do Complexo de Favelas da Maré, quando, em 5 de abril de 2014, os soldados realizaram uma ocupação militar na Praia de Ramos; nos Parques Roquete Pinto, União, Rubens Vaz, Maré e Nova Holanda; na Baixa do Sapateiro; no Morro do Timbau; em Bento Ribeiro Dantas; nas Vilas dos Pinheiros e do João; nos Conjuntos Pinheiros, Novo Pinheiros (Salsa & Merengue), Esperança e Nova Maré. No caso, o Exército, com o discurso de pacificação por meio da manutenção da lei e da ordem, instalou bases, tanques de guerra pelas ruas do local e grupos de homens com armamento pesado, autorizados a efetuarem "prisões em flagrante, patrulhamento e vistoria"[16]

O emprego das Forças Armadas nas atividades de segurança pública explicita que a fronteira entre os dispositivos militares e policiais tem se dissolvido, resultando em uma polícia cada vez mais militarizada e, ao mesmo tempo, uma aplicação recorrente das forças armadas no combate às chamadas ameaças. Nesse grupo, estão incluídas as insurreições populares e as manifestações reivindicatórias. Cabe ressaltar que a assinatura do documento em 2013 tinha por objetivo conter as revoltas populares ocorridas durante Junho

---

16. Cf. "Forças Armadas são autorizadas a atuar em operações de GLO no Rio". Ministério da Defesa. Disponível online.

e evitar que emergissem movimentos similares durante os megaeventos, como a Copa do Mundo de Futebol de 2014 e os Jogos Olímpicos de 2016, ambos no Brasil.

Um dos casos em que se tornou pública a participação do comando do Exército no combate aos movimentos sociais por meio de agentes infiltrados, conhecidos popularmente como "P2", foi a prisão de 18 pessoas no Centro Cultural São Paulo (CCSP), no dia 4 de setembro de 2016, horas antes de uma manifestação contra o então presidente da República Michel Temer, do MDB, à época PMDB. O grupo foi preso sob a suspeita de serem *black blocs* após uma emboscada articulada pelo serviço de inteligência do Exército Brasileiro e com a presença do capitão Willian Pina Botelho, infiltrado no grupo sob o nome falso de Baltazar Nunes. A operação teve a participação da Polícia Militar de São Paulo e do Departamento Estadual de Investigações Criminais (DEIC). Os presos foram autuados por associação criminosa e corrupção de menores. Dentre as provas apresentadas estavam kits de primeiros socorros e garrafas de vinagre, produto utilizado em manifestações com o objetivo de neutralizar os efeitos do gás lacrimogêneo[17]

Nos pertences de um dos presos foi plantada pela polícia uma barra de ferro, que depois foi descartada como prova. As Forças Armadas negaram em um primeiro momento a participação na operação, mas tiveram de voltar atrás e assumir a autoria após uma matéria investigativa publicada pela Agência Ponte. Duas semanas após a prisão, a assessoria de imprensa das Forças Armadas afirmou em nota para o portal G1 que "o Exército tem sido empregado frequentemente nas operações de Garantia da Lei e da Ordem (GLO). A utilização permanente da inteligência tem assegurado a eficácia nas operações, o emprego proporcional da Força e minimizado os efeitos colaterais na população", e completou: "O acompanhamento de manifestações de rua em nosso país está inserido no contexto das Operações de Inteligência"[18]

---

17. Cf. "Justiça absolve os 18 do CCSP presos com infiltrado do exército". Ponte, 22/10/2018. Disponível online.
18. Cf. "Exército admite realizar operações de inteligência em manifestações de rua". G1, 23/09/2016. Disponível online.

Além de colocar no mesmo campo de Forças Oponentes movimentos ou organizações, organizações criminosas, quadrilhas de traficantes de drogas, contrabandistas de armas e munições, grupos armados, "pessoas, grupos de pessoas ou organizações atuando na forma de segmentos autônomos ou infiltrados em movimentos, entidades, instituições, organizações ou em órgãos de Segurança Pública, provocando ou instigando ações radicais e violentas" e "indivíduos ou grupo que se utilizam de métodos violentos para a imposição da vontade própria em função da ausência das forças de segurança pública policial", o documento menciona como ameaças os seguintes exemplos: "ações contra realização de pleitos eleitorais afetando a votação e a apuração de uma votação; ações de organizações criminosas contra pessoas ou patrimônio incluindo os navios de bandeira brasileira e plataformas de petróleo e gás na plataforma continental brasileira", "bloqueio de vias públicas de circulação; depredação do patrimônio público e privado; distúrbios urbanos; invasão de propriedades e instalações rurais ou urbanas, públicas ou privadas", "paralisação de atividades produtivas; paralisação de serviços críticos ou essenciais à população ou a setores produtivos do País", "sabotagem nos locais de grandes eventos e saques de estabelecimentos comerciais".

Sob o argumento de manter a ordem democrática, as bombas de gás ainda asfixiam as pessoas, as granadas de fragmentos, também conhecidas como "bombas de efeito moral", mutilam os corpos, e os cassetetes são utilizados por soldados para agredir quem estiver pela frente, até mesmo com a justificativa dos direitos humanos. Basta lembrar que não há garantia de direitos sem a coerção para que os deveres sejam cumpridos.

A Declaração Americana dos Direitos e Deveres do Homem (DADDH), aprovada na IX Conferência Internacional Americana, em Bogotá, no ano de 1948, afirma que todos os homens nascem livres e iguais em dignidade e direitos e, portanto, o cumprimento do dever de cada um é a exigência para a manutenção do direito de todos. Os direitos e deveres prescritos devem se integrar correlativamente em todas as atividades sociais e políticas. Diz a declaração:

Se os direitos exaltam a liberdade individual, os deveres exprimem a dignidade dessa liberdade. Os deveres de ordem jurídica dependem da existência anterior de outros de ordem moral, que apoiam os primeiros conceitualmente e os fundamentam. [...] E, visto que a moral e as boas maneiras constituem a mais nobre manifestação da cultura, é dever de todo homem acatar-lhes os princípios. (DADDH, 1948)

O artigo XX do documento afirma que todos, contanto que legalmente capacitados, têm o direito de tomar parte no governo do seu país, quer diretamente, quer através de seus representantes, além de participar das eleições, que se processarão por voto secreto, de uma maneira genuína, periódica e livre. Como complementar a esse *direito*, o texto estipula, nos artigos XXXII e XXXIII, que toda pessoa tem o *dever* de votar nas eleições populares do país de que for nacional, quando estiver legalmente habilitada para isso, bem como a obrigação de obediência à Lei e aos demais mandamentos legítimos das autoridades do país onde se encontrar. O *direito*, enfim, possui um caráter complementar à obrigação de *obedecer* e de perpetuação da dominação.

Para além da relação entre direitos e deveres, explicitada na própria declaração, cabe ressaltar que todo tratado de paz, toda declaração dos direitos, é resultado de uma outra guerra. É a vitória na guerra que produz o direito, "pois o resultado da guerra é justamente fazer com que o vencedor obtenha o que ele pedia, não somente porque, antes do combate, ele tinha direito de obtê-lo, em razão de sua força presumida, mas porque a vitória provou que ele era realmente digno disso" (PROUDHON, 2011, p. 35). No caso da DUDH, forjada no pós-Segunda Guerra Mundial com o objetivo de disseminar a democracia liberal para os quatro cantos do planeta, ela não só é resultado da vitória parcial da democracia liberal, mas é o que sustenta a sua atualização constante. Visa estabelecer limites para os conflitos, com base em uma concepção pluralista, e evitar os extremos que podem colocar o Estado e a racionalidade neoliberal em risco.

Cabe lembrar que a DUDH não tem caráter de lei, mas de norma reguladora das ações do Estado e da *população,* e a sua função não é a de garantir o direito dos indivíduos no sentido de protegê-los contra os abusos do soberano ou do governo, mas sim promover a *liberdade* enquanto um ponto indispensável à própria *governamentalidade*.

Agora só se pode governar bem se, efetivamente, a liberdade ou certo número de formas de liberdade forem respeitados. Não respeitar a liberdade é não apenas exercer abusos de direito em relação à lei, mas é principalmente não saber governar como se deve. A integração das liberdades e dos limites próprios a essa liberdade no interior do campo da prática governamental tornou-se agora um imperativo. (FOUCAULT, 2008, pp. 474-475)

A DUDH, bem como a própria existência da Organização das Nações Unidas (ONU), são partes constituintes dos dispositivos de segurança, formados pelos braços diplomático-militar e de polícia. Vivemos na era do esplendor do Estado, onde a prática da soberania clássica, que visava a conquista cada vez maior de território e a aplicação da lei estipulando o legal e o ilegal, o permitido e o proibido, ou seja, o obrigatório e o proibido, é reconfigurada na ação de manter a qualidade da população, garantir a *segurança* das instituições e a regulação dos conflitos extremos. Com isso, instaura-se não a estatização da sociedade, mas a *governamentalização* do Estado. (FOUCAULT, 2008). Esse é um dos elementos da *governamentalidade* neoliberal, composta por uma série complexa de técnicas de saberes e práticas que vão incidir sobre a população; vão interceptar e interferir na maneira pela qual os indivíduos governam a si e aos outros.

Não se trata mais apenas da lei que vai garantir o poder do Estado de matar, mas a norma que possui um caráter regulador. No governo pela norma, não reina a *fixidez* da lei, pois emerge uma relação de governo, mais elástica, em que se visa assimilar as práticas consideradas insuportáveis para edulcorá-las e trazê-las *para dentro*, torná-las aceitáveis ao neutralizar sua radicalidade. É um esforço de neutralizar as práticas radicais ao englobá-las nas organizações da *sociedade civil*.

Retomando junho de 2013, durante a manifestação do dia 13, no cruzamento da rua Maria Antônia com a rua da Consolação, as balas de borracha disparadas de uma escopeta pela Polícia Militar (PM) atingiram o rosto do fotojornalista Sérgio Silva, que acabou perdendo um dos olhos[19]. Na mesma noite, a polícia atacou os manifestantes, exigindo que desbloqueassem as ruas. Enquanto a *massa* dos partidos políticos corria, obedecendo à ordem, grupos de *insurrectos* respondiam com pedras e atacavam bancos e concessionárias. Mais uma vez, algumas pessoas se colocavam em frente às vidraças com as palavras de ordem "sem violência, sem vandalismo". A *massa*, a *maioria* pacificadora, *indignada* com os estilhaços de vidros atingidos por pedras e paus, ficou *calada* frente à brutalidade policial que esmagou um olho no meio de uma das vias mais movimentadas da cidade de São Paulo.

Segundo a anarquista Emma Goldman (2008, p. 129), a história se desenvolve pelas ações das minorias. "Sempre, em todos os tempos, as minorias foram responsáveis por sustentar uma grande ideia, de forças liberadoras. Por outro lado, as massas foram sempre o peso morto que não permitia o movimento". Cabe às minorias a mudança, a contestação. O espírito da massa é o de uma maioria sem discernimento, que precisa ser conduzida. A maioria, por meio das condutas sindicais/partidárias, coloca seu destino nas mãos dos outros e forma uma maioria compacta. Ela se refere à minoria potente, não necessariamente a uma minoria numérica, pois a questão independe de números. As minorias potentes não buscam se enquadrar em modelos preconcebidos, pré-moldados, são minorias inventivas, que não temem enfrentar o insuportável. No caso de Junho, elas não se sujeitaram ao princípio da autoridade, não se submeteram à *opinião pública* que a criminalizava, nem aos policiais que as perseguia.

A análise de Emma Goldman (2008) acerca das maiorias e das minorias colabora a pensar os acontecimentos de 2013, pois possibilita analisar os enfrentamentos levando em conta outro aspecto da sujeição, ou seja, do amor à obediência presente na *maioria*. Ela, já no início do século XX, promove um deslocamento analítico, mostrando como, pela própria ação dos *governados,* são mantidas as técnicas de governo. Sobre isso, diz ela

---

19. Cf. CRUZ, "Cego por bala de borracha da PM, Sérgio Silva ainda espera justiça". Agência Ponte, 13/06/2016. Disponível online.

Que a massa sofre, que vem sendo extorquida e explorada, isso eu conheço tanto quanto os engodos do voto. Mas insisto que não é um punhado de parasitas, e sim a própria massa que é responsável por esta situação horrível. Prendem-se aos seus mestres, amam a chibata, e são os primeiros a clamar: Crucifiquem! no momento em que surge uma voz contra a sagrada autoridade capitalista ou qualquer outra instituição decadente. Não obstante, quanto tempo mais poderia se manter a autoridade e a propriedade privada, se não fossem a vontade e disposição da massa de se tornarem soldados, policiais, carcereiros e algozes. (GOLDMAN, 2008, p. 131)

A maioria precisa silenciar os outros e funciona como um grande braço que massacra os demais. Em relação a junho de 2013 e nos meses seguintes, a criminalização das práticas insurrecionais foi explícita, incluindo declarações de figuras públicas de partidos de esquerda defendendo a atuação da polícia contra os chamados *vândalos*.

Marcelo Freixo, um dos principais políticos do Partido Socialismo e Liberdade (PSOL), afirmou em uma entrevista ao jornal *O Dia*, publicada em 18 de julho de 2013, que "não dá para concordar com quebra-quebra e claro que a polícia tem que prender quem estiver depredando o patrimônio público ou privado. A polícia tem que agir dentro do que a lei determina"[20]

Os efeitos das chamas de Junho se fizeram presentes meses depois nas ruas de São Paulo. Na noite de 24 de outubro de 2013, durante uma manifestação organizada pelo Movimento Passe Livre, que teve como destino o Terminal Parque D. Pedro, o coronel da PM Reynaldo Simões Rossi, junto a outros policiais, estava enquadrando a esmo os manifestantes que transitavam pelo terminal, anotando os números de seus documentos e detendo alguns deles. Conforme um relato de uma advogada que presenciou a ação, publicado por Paulo Arantes (2014), ao ser questionado por ela sobre o motivo das detenções, "o coronel foi debochado e recusou-se a responder. Insisti e logo em seguida largou os RGs e partiu para cima de um garoto vestido de *black bloc* segurando um mastro tipo pau de bandeira. Avançou para cima do garoto e começou a bater, mas acho que não contava que todos que estavam em volta se revoltassem e partissem

---

20. Cf. "Marcelo Freixo: 'comportamento do comandante da PM foi patético' ". *O Dia*, 18/08/2013. Disponível online.

para cima dele para ele largar o garoto". Seguindo a análise de Paulo Arantes (2014) a partir de relatos de militantes presentes na noite em questão, a real novidade de Junho é que "agora há reação".

Além da agressão ao policial, as catracas do terminal foram destruídas, assim como os caixas eletrônicos, os ônibus, as lojas e as câmeras de monitoramento. As bilheterias foram quebradas e o dinheiro foi expropriado. Frente a essa reação, não tardou para que a polícia, o poder judiciário, a imprensa e o governo federal se posicionassem contra a atitude dos manifestantes. Na mesma noite, 92 pessoas foram detidas e oito foram levadas para a prisão. Dentre estas, uma foi pega como bode expiatório, acusada de ter sido a autora da agressão contra o coronel da PM. Conforme notícia do portal G1, sob acusação de tentativa de assassinato, o estudante foi levado ao Centro de Detenção Provisória do Belém, onde ficou preso até a justiça conceder um habeas corpus em novembro do mesmo ano[21]

O caso teve uma ampla repercussão nos veículos de imprensa e nas declarações de políticos, que se mostraram solidários ao policial, incluindo uma entrevista no jornal *O Estado de S. Paulo* com o título " 'Este ano, 70 colegas já foram feridos', diz coronel da PM agredido". As palavras do policial evocavam a visão de que a polícia deve ser vista como parceira das manifestações, e que a violência se apresenta por meio de "criminosos" infiltrados entre os manifestantes. Sobre isso, diz o coronel, "o direito de se manifestar será sempre garantido pela polícia. Mas permitir que as manifestações ocorram de forma livre não depende apenas da polícia. Os manifestantes precisam ter responsabilidade e se separarem dos criminosos." E completa: "é preciso que os manifestantes nos ajudem a identificar os criminosos". Visando sensibilizar os leitores sobre a agressão de um policial armado, o coronel recorre a uma frase famosa, utilizada como autoajuda, ao afirmar que "O silêncio dos bons é muito pior do que o ruído dos ruins"[22]. O caso lhe rendeu uma série de entre-

---

21. Cf. "Estudante suspeito de agredir coronel e mais seis vão a presídio". G1, 29/10/2013. Disponível online.
22. " 'Este ano, 70 colegas já foram feridos', diz coronel da PM agredido". O Estado de S. Paulo, 26/10/2016. Disponível online.

vistas, como em um vídeo do portal UOL, em que o coronel afirmou entender a agressão ter sido feita não somente a um policial, mas a toda a estrutura do Estado.[23]

Com um posicionamento similar, a então presidente Dilma Rousseff (PT) afirmou em sua página do Twitter que prestava sua solidariedade ao coronel da PM, "agredido covardemente ontem por um grupo de black blocs em SP. (...) Agredir e depredar não fazem parte da liberdade de manifestação", categorizando a situação como um ataque bárbaro à democracia, que deveria ser coibida pelas forças de segurança.[24]

Diferentemente da repercussão ocorrida no caso do coronel da PM em outubro de 2013, muito pouco se falou sobre os tiros de pistola dados por um policial contra um manifestante em 25 de janeiro de 2014 na cidade de São Paulo. Atingido no tórax e na virilha, duas regiões vitais do corpo humano, o garoto foi levado ao hospital pelos próprios policiais, descumprindo o protocolo que regula ações como essa, nas quais o socorro médico deve ser feito pelo Serviço de Atendimento Médico de Urgência (SAMU) no local do ocorrido. O rapaz baleado ficou em estado crítico e permaneceu alguns dias em coma induzido no Hospital das Clínicas. As versões dos manifestantes e da polícia são conflitantes. Enquanto os primeiros afirmam que ele não parou durante a abordagem, os policiais dizem que "ao ser abordado e ter a mochila revistada (...), fugiu correndo com três policiais ao seu encalço; sentindo que seria alcançado, voltou-se com um estilete na mão e partiu para cima de um dos policiais, que então atirou em legítima defesa, com a atenuante de que já estava no chão, empurrado pelo seu agressor" (ARANTES, 2014, p. 359). Mesmo adotando a versão policial, independentemente de qualquer juízo moral, as próprias características da ação levada a cabo pela polícia indicam que os tiros foram dados não em legítima defesa, para dissuadir o corpo "armado com um estilete".

---

23. "Coronel diz que agressão que sofreu é a toda estrutura do Estado". TV UOL, 28/10/2013. Disponível online.
24. "Dilma considera como barbárie vandalismo em SP e cobra punição". O Estado de S. Paulo, 26/10/2013. Disponível online.

O que se nota, sim, é uma ação para executá-lo, visto que mesmo estando em maioria numérica e fortemente armados, os soldados acertaram um tiro no tórax e um na virilha, dois pontos vitais que podem levar um ser humano à morte. Quando aproximados os dois casos, o do coronel agredido e o do rapaz baleado, nota-se a assimetria no uso da força e na construção discursiva sobre ambos: um policial armado que caçava manifestantes é agredido e isso se configura como tentativa de assassinato; um rapaz, correndo sozinho de três policiais, é baleado em dois pontos vitais e o caso é considerado como legítima defesa por conta da alegação de "porte de um estilete". Analisando ambos os casos, nota-se que a questão em Junho não era o uso ou não da violência, mas sim quem pode ou não utilizá-la. A questão central é a pacificação das lutas, entendida aqui como a maneira pela qual o governo garante a segurança da lei e da ordem, mesmo que para isso a polícia tenha de romper protocolos e burlar leis. Desse modo, conforme afirma Michel Foucault (2008), a polícia é o golpe de Estado permanente, pois atua em função dos princípios de sua própria racionalidade, sem ter de se moldar segundo as regras da justiça, as normas da lei. Seu exercício imediato e cotidiano acaba por extrapolar as limitações e os regramentos legais e legítimos.

Essa defesa da legalidade, somada ao apelo para que a polícia intervenha em casos de violência e depredação, é semelhante ao discurso apresentado por Geraldo Alckmin (PSDB). Em 19 de junho de 2014, o Movimento Passe Livre (MPL), em conjunto com o Comitê Popular da Copa de São Paulo, realizou uma manifestação que se dirigiu à Marginal Pinheiros, marcando um ano das Jornadas de Junho de 2013 e integrando as mobilizações contra a Copa do Mundo de Futebol no Brasil. Por mais de uma hora, a via foi travada e foi realizada, ali mesmo, uma festa junina com fogueira de catracas, música e um campeonato de futebol. Na ocasião, a Tropa de Choque atacou a manifestação com bombas de gás e granadas de fragmentos. Para se defender da polícia, um *bloco negro* ergueu uma enorme barricada e atacou uma concessionária de veículos da Mercedes-Benz, destruindo completamente a fachada e os carros que estavam dentro do estabelecimento. No dia seguinte, Geraldo Alckmin (PSDB), então governador de São Paulo, fez uma declaração aos jornalistas: "Uma coisa é manifestação, que deve ser respeitada, outra coisa é vandalismo, depredação, ação criminosa de mascarados, que tem que ser combatido e é dever da polícia fazer isso. Tem câmeras de vídeo, e alguns (vândalos) dá para identificar. Então o mais rápido possível devemos prender esses criminosos".[25]

Marcelo Freixo (PSOL) se pronunciou mais uma vez sobre o *bloco negro*, agora em 19 de fevereiro de 2014, ao jornal O Dia: "Acho que esses movimentos têm que ser separados porque as passeatas são importantes. Não tem que ter violência nunca. Eu não defendo violência, nem nunca defendi. Violência nunca foi método. Não é quebrando bancos que se destrói o capitalismo. Muito menos batendo em jornalista"[26]. Somado à defesa da legalidade — depredação é crime e, portanto, quem depreda deve ser punido —, Freixo utiliza o argumento da legitimidade para condenar o *bloco negro*. Ele invalida a potência da tática pois, de acordo com ele, quebrar uma agência bancária seria ineficiente para derrubar o capitalismo, mas oculta que esse tipo de *ação direta* é um ataque frontal à propriedade, elemento central do regime capitalista.

A perseguição aos praticantes de ações consideradas violentas não se extinguiu nos meses seguintes a Junho. Em 17 de abril de 2015, durante uma reunião na Universidade Estadual do Rio de Janeiro (UERJ), cerca de 50 militantes do PSTU invadiram a sala e espancaram 6 pessoas, entre anarquistas e autonomistas, que se encontravam no local. "Os agressores espancaram covardemente os únicos seis companheiros presentes, ferindo-os gravemente com socos, pontapés e arremessando cadeiras. Os companheiros foram hospitalizados, sendo que em um dos casos, houve a necessidade de pontos cirúrgicos".[27] De acordo com a nota divulgada pela Frente Independente Popular (FIP-RJ), enquanto as agressões ocorriam, integrantes do Partido dos Trabalhadores (PT) "passaram pelo corre-

---

25. Cf. "Com metroviários e indígenas protesto do MPL fecha a Marginal Pinheiros". Portal UOL, 19/06/2014. Disponível online.
26. Cf. "'Não é quebrando bancos que se destrói o capitalismo', afirma Marcelo Freixo". *O Dia*, 19/02/2014. Disponível online.
27. Cf. FIP, "Nota de repúdio", 20/4/2015. Disponível online.

dor saudando este covarde espancamento praticado". Sobre o caso, a União Popular Anarquista (UNIPA) lançou um texto que dizia:

As posições burocráticas e policialescas que a direção partidária resolveu trilhar não são novas. Em 11 de julho de 2013 nada falou sobre a agressão contra militantes anarquistas, black blocs e marxistas revolucionários promovidos pelos bate-paus das centrais. Sem contar sua denúncia que fez contra a FIP na Polícia e a constante criminalização de anarquistas em seus materiais de propaganda. (UNIPA, 2015)[28]

A denúncia contra a FIP, mencionada na nota da UNIPA, foi realizada pelo PSTU após ter sua sede, na cidade do Rio de Janeiro (RJ), depredada em 1 de abril de 2014. Após o ocorrido, o partido apresentou uma acusação formal na Polícia Civil-RJ contra a FIP[29].

Outro exemplo mais recente, que teve maior repercussão, foi o episódio ocorrido em 13 de dezembro de 2016, no Ceará[30]. Militantes do Movimento dos Trabalhadores Sem Teto (MTST) e da União Nacional dos Estudantes (UNE) cercaram e espancaram anarquistas e autonomistas durante um ato contra as políticas do governo federal. Nesse caso, é possível notar mais uma vez a rejeição às *ações diretas* libertárias pelas organizações marxistas-leninistas, trotskistas e stalinistas. Vários relatos de pessoas agredidas foram divulgados na internet. Em um deles, reproduzido abaixo, é possível ver que um dos principais motivos das agressões foi o receio do MTST de que os anarquistas e autonomistas praticassem *ações diretas* durante o ato.

Nossas armas para ontem? Tinta para pintar o asfalto, lambes e cola para pregar nos muros. No máximo um jet aqui e outro acolá — inclusive outros movimentos também estavam com materiais do tipo. Até que, assim que chegamos à frente, direções do MTST vêm reclamar que nós deveríamos estar na traseira do ato por algum motivo que não se dignaram a tentar explicar, e começam as agressões verbais. [...] E começa o circo de horrores. Como uma turba ensandecida, militantes do MTST começam a avançar em

---

28. Cf. UNIPA, "A UNIPA repudia as agressões ocorridas contra a FIP na uerj", 24/04/2015. Disponível online.
29. Cf. "Acusados de violência em protesto atacaram a sede do PSTU, diz inquérito". Portal G1, 29/07/2014. Disponível online.
30. Cf. "MTST e o Povo Sem Medo de bater em anarquistas". Rede Infoa, 14/12/2016. Disponível online.

cima do bloco autonomista, nos batendo com socos, chutes e mastros de bandeira. Não satisfeitos em nos expulsar do ato, começaram a nos caçar na rua lateral para a qual escapamos. [...] É inaceitável que um grupo queira dizer precisamente como todo o ato, milhares de pessoas, devem se portar [...] Não nos calaremos, não nos curvaremos ao autoritarismo, seja de que lado do espectro político ele vier. A gente sobrevive a calúnia desde a I Internacional, a gente sobrevive a assassinato perpetrado por socialista desde que Trotsky e Lênin mandaram dizimar o exército negro de Makhno [...] ("Resistimos e sobrevivemos", 2016)

Em um dos casos mais recentes, em janeiro de 2018, fica evidente o estímulo à *alcaguetagem*. Alguns dias antes de uma manifestação marcada para 24 de janeiro que tinha como pauta a "defesa da democracia", a Frente Brasil Popular e os Advogados e Advogadas Pela Legalidade Democrática divulgaram duas imagens (disponíveis abaixo) junto com a chamada para o ato. Nelas, ambos os grupos incitam a denúncia ao uso da tática do *bloco negro*, chamando os insurrectos de *infiltrados*, e afirmam defender o patrimônio público.

Para além das declarações de figuras públicas de partidos políticos e de centrais sindicais, a imprensa exerce um papel importante na criminalização contemporânea dos chamados *violentos* e *vândalos*, que foi acentuada com Junho de 2013. Contudo, a violência da PM contra os manifestantes desde o dia 13 de junho gerou uma *indignação* ampla, pois os soldados atacaram não apenas a *minoria de vândalos*, mas também o conjunto dos manifestantes, inclusive os que se colocavam enquanto *maioria pacífica*. "No dia seguinte os relatos publicados pelos meios de comunicação e redes sociais mostraram a dimensão daquela noite de terror. Os meios de comunicação que antes haviam clamado pelo rigor das autoridades passaram a se posicionar a favor dos manifestantes", afirmou a *Carta Capital* em 16 de agosto de 2013[31].

Um dos meios de comunicação ao qual o texto da *Carta Capital* se refere é sobretudo a *Folha de S. Paulo*, em seu editorial publicado no mesmo dia da manifestação, 13 de junho de 2013, intitulado

---

31. Cf. MARIE, "13 de junho, o dia que não terminou". *Carta Capital*, 16/09/2013. Disponível online.

"Retomar a Paulista". A publicação apresenta um clamor às forças policiais para que contivessem as *ações diretas anarquistas* de depredação e enfrentamento com a polícia em 11 de junho.

> o direito de manifestação é sagrado, mas não está acima da liberdade de ir e vir — menos ainda quando o primeiro é reclamado por poucos milhares de manifestantes e a segunda é negada a milhões. (...). É hora de pôr um ponto final nisso. Prefeitura e Polícia Militar precisam fazer valer as restrições já existentes para protestos na avenida Paulista, em cujas imediações estão sete grandes hospitais. (...) No que toca ao vandalismo, só há um meio de combatê-lo: a força da lei. Cumpre investigar, identificar e processar os responsáveis. Como em toda forma de criminalidade, aqui também a impunidade é o maior incentivo à reincidência. (FOLHA DE S. PAULO, 13 de junho de 2013)[32].

A resposta do Estado foi imediata. No dia da publicação, 13 de junho, a Polícia Militar atacou o ato convocado pelo MPL, quando os manifestantes subiam a rua da Consolação. A quantidade de carros, motos e soldados era tão grande que uma das pessoas presentes, impressionada com a quantidade de policiais, gritou de maneira sarcástica: "Olha, nunca tinha visto isso! Tem mais polícia que gente!". No caso, sete jornalistas da *Folha de S. Paulo* acabaram agredidos por PMs. Dentre eles, a repórter Giuliana Vallone foi atingida por uma bala de borracha no olho. Esse evento gerou uma mudança de posicionamento do veículo de comunicação, que na edição do dia seguinte, 14 de junho, estampava como manchete em letras garrafais: "Polícia reage com violência a protesto e SP vive noite de caos". Ao lado direito, na parte inferior da capa do jornal, outra frase: "Distúrbios começaram com a ação da Tropa de Choque". Contudo, a mudança de posicionamento se deu apenas no repúdio à violência policial *desmedida*, que atingiu a massa dos manifestantes.

O discurso de que a polícia feriu os Direitos Humanos preponderou. A ONG Conectas enviou um documento à Organização das Nações Unidas (ONU) denunciando os abusos da polícia durante as manifestações, com o nome "Apelo urgente: violações de direitos humanos em consequência da violência policial contra manifestan-

---

32. Cf. "Retomar a Paulista". *Folha de São Paulo*, 13/6/2013. Disponível online.

tes pacíficos, em São Paulo, Brasil, no dia 13 de junho de 2013"[33]. O próprio título do documento já aponta que a indignação contra o uso da violência policial se deu pois ela ocorreu contra *manifestantes pacíficos*. O texto aponta como indispensável que:

1. Os fatos do dia 13 sejam apurados;
2. Os agentes públicos sejam responsabilizados, tanto aqueles responsáveis diretos pela execução da repressão como seus superiores que coordenaram a ação;
3. As vitimas sejam devidamente reparadas; e
4. Sejam estabelecidas regras claras que permitam o livre exercício do direito de expressão e manifestação. [...] Membros desta organização estiveram presentes na manifestação do dia 13 de junho e puderam presenciar que as manifestações eram pacíficas, inclusive com palavras de ordem de *não violência*.[34]

Por fim, o documento conclui:

Apresentamos um apelo urgente aos procedimentos especiais da ONU sobre violações dos direitos humanos em São Paulo, Brasil, no contexto de operações policiais na região central da cidade contra manifestações pacíficas em protesto ao aumento da tarifa de ônibus e de metrô. Durante esta operação, fica claro que o Estado violou os direitos humanos dos manifestantes, por meio de uso desproporcional da força e tratamento cruel, desumano ou degradante, em clara violação ao seu direito à liberdade de circulação, manifestação, expressão e reunião e abuso de autoridade. Tais violações demonstram a falta de compromisso com as normas de direitos humanos, particularmente pelas autoridades estaduais e municipais de São Paulo durante a realização da operação e/ou sua incapacidade de garantir que os direitos humanos dos manifestantes fossem respeitados. (CONECTAS, 2013)

Em consonância com a DUDH, a *denúncia* da Conectas contra a violência policial se dá pela perspectiva de que houve um uso *abusivo* e desproporcional da força contra os *manifestantes pacíficos*, o que explicitamente mostra que, para a ONG, a violência inaceitável da polícia é apenas aquela utilizada contra os *bons cidadãos*, contra

---

33. Cf. "Apelo urgente". ONG Conectas. Disponível online.
34. CONECTAS, 2013.

aqueles que carregam flores nas mãos enquanto gritam "sem violência". Como um efeito rebote, o clamor pela criminalização das minorias potentes foi evidente. Simultaneamente, alguns anarquistas não se submeteram ao discurso de que a polícia agiu com *excesso*, como se houvesse um limite aceitável para a atuação policial. O NU-SOL, como fez mais de uma vez durante as Jornadas de Junho, afirmou em um comunicado publicado ainda naquele mês[35]: "se a violência policial te incomoda, lute para aboli-la. Polícia civil, militar e federal é sinônimo de violência". E completaram: "Por um mundo sem violência! Leia-se: sem polícia, sem Estado, sem propriedade, sem deuses, mestres ou amos!". Ao contrário do *lamento* que atravessava principalmente as ONGs e os partidos, os anarquismos enunciaram o insuportável: não se tratava de *denunciar* a violência policial, mas sim de explicitar que a violência é indissociável da polícia, é um dispositivo imprescindível de Estado sob qualquer governo ou regime político.

A questão do uso da violência também ecoou nas práticas discursivas dos partidos marxistas-leninistas, que se redimensionaram com o passar do tempo. A perseguição aos praticantes de *ações diretas consideradas violentas* passou a ser anunciada sobre carros de som para todos ouvirem. Exatamente um ano após as revoltas de Junho, mais precisamente no dia da abertura da Copa do Mundo de Futebol, 12 de junho de 2014, em frente à quadra do Sindicato dos Metroviários, policiais armados cercaram uma manifestação e impediram que as pessoas saíssem do local. Bombas e balas de borracha foram atiradas, mas houve resistência de alguns grupos, que montaram barricadas. Em meio ao confronto, a Central Sindical e Popular Conlutas e o PSTU tentaram separar pessoas "pacíficas" dos "vândalos violentos", quando, sobre um carro de som, o presidente do sindicato gritava no microfone para os policiais pedindo que os deixassem em paz, pois estavam em um ato pacífico[36]. O dedo apontava para os corpos que deveriam ser alvos: eram aqueles

---

35. Cf. "Em movimento...", no boletim eletrônico do Nu-Sol, junho de 2013.
36. Cf. Comitê Popular da Copa de São Paulo. "Dossiê Copa pra quem?", 2015. Disponível online.

que estavam de negro, com o rosto coberto. Em um determinado momento, a polícia sindical dessas organizações entrou na quadra do Sindicato dos Metroviários com o objetivo de fechar os portões e impedir que até mesmo as pessoas feridas pudessem se abrigar no espaço.

Nesse contexto, a figura do vândalo, forjada durante junho de 2013, já havia se ampliado. Tal como a identificação do sujeito perigoso, criminoso nato, detectada por Foucault (2014) em que eram enquadrados os anarquistas na segunda metade do século XIX, o vândalo emergiu sobretudo pelo fato das *ações diretas libertárias consideradas violentas,* como a tática do *bloco negro,* não terem e nem pleitearem espaço no jogo do Estado democrático de direito. Os anarquistas, por uma perspectiva ética, não só não reconhecem o pacto social liberal que funda o Estado moderno como desejam destruí-lo. E, em 2013, o repúdio das massas ao uso de táticas consideradas violentas pode ser notado nos já mencionados gritos de "sem vandalismo" e "sem violência". Deu-se, então, a reativação redimensionada da figura do monstro, agora chamado de "vândalo" e "baderneiro", que rompe com o pacto social por meio da revolta. É, portanto, a reciclagem do sujeito perigoso.

Os relatos noticiosos na TV e nos jornais identificaram nos focos de 'vandalismo' uma grave ameaça à ordem pública. Desde o início de junho, os meios de comunicação de massa insistiram na distinção: os black blocs eram vândalos; os demais, manifestantes pacíficos. Os primeiros eram execrados pela TV. Os segundos, adulados como brasileiros de valor (BUCCI, 2016, p. 47).

Por isso, diz o autor, "os depredadores também produziram o oposto do que pretendiam. Em lugar de fortalecer as passeatas, só conseguiam esvaziá-las. Tão logo a arruaça se tornou regra, aquela gente comum, que antes não ligava para essas ações, começou a ficar ressabiada e vazou" (BUCCI, 2016, p. 47). Os culpados, então, pela *maioria* não aderir às manifestações seriam eles, os *vândalos,* e não a violência policial, a violência legítima de Estado que produz a polícia como golpe de Estado permanente.

Sobre a condenação da violência e, consequentemente, a criminalização de quem a pratica, o anarquista Peter Gelderloos (2007) afirma que, na prática, a *moral* pacifista acaba por manifestar que é mais aceitável para os *radicais* confinar na violência de um governo para se proteger do que realizar a autodefesa, por meio da *ação direta*. Em seu livro *Como a não violência protege o Estado*[37], ele afirma que a condenação *a priori* de ações consideradas violentas tem como base a aceitação da crença de que as pessoas devem ser despojadas do uso das *ações diretas*, incluindo a autodefesa e o uso da força, pois, caso contrário, irão levar ao caos e a uma espiral de violência.

> Esta é a segurança do governo, e a liberdade escravizada. [...] O pacifismo também é uma forma de impotência aprendida, e, através dele, aqueles que dissentem sustentam a bondade do Estado encarnando a ideia de que não devem usurpar poderes pertencentes exclusivamente a ele (tal como a autodefesa). Desta forma, um pacifista se comporta como um cão domesticado a golpes pelo seu amo: ao invés de morder quem o ataca, esconde o rabo demonstrando-se desarmado, e aguenta as batidas com a esperança de que parem. (GELDERLOOS, 2007, p. 42)

O autor também pontua sobre a maneira como os grupos que têm o uso da não violência como um *princípio* do qual não se abre mão, acabam por, muitas vezes, trabalhando para o Estado. Ele usa como exemplo o caso da luta antirracista nos Estados Unidos na década de 1960. Em um documento COINTELPRO do FBI, revelado após uma ação realizada em 1971 por alguns militantes que entraram num escritório da polícia estadunidense na Pensilvânia e roubaram os papéis, o FBI listou cinco objetivos que deveriam guiar as ações policiais no contexto das lutas antirracistas.

De acordo com Gelderloos (2007), o documento dizia ser necessário impedir a violência, e um dos métodos a ser empregado seria o de contraespionagem, visando apontar corretamente quem seriam os agitadores potenciais e neutralizá-los antes que exercessem sua violência potencial. Dentre as "neutralizações" bem-sucedidas estavam situações em que integrantes dos movimentos antirracistas

---

37. Cf. GELDERLOOS, Peter. 2017. "Como a não violência protege o Estado". Disponível online.

foram assassinados, presos, desacreditados ou pressionados para abandonar suas ações. Além disso, o FBI apontava para a necessidade de desacreditar a militância negra aos olhos do que chamam de "comunidade negra responsável" e da "comunidade branca". Na perspectiva de Gelderloos (2007), isso explicita a maneira pela qual o Estado pode contar com um dos reflexos da condenação da violência por parte dos pacifistas e como estes "fazem, efetivamente, o trabalho sujo do Estado, porque não utilizam sua influência cultural para tornar 'respeitável' a resistência militante contra a tirania. No lugar disso, os pacifistas alegam que a militância aliena as pessoas, e não fazem nada para tentar contrapor este fenômeno" (GELDERLOOS, 2007, p. 40).

Desse modo, a condenação às *ações diretas* consideradas *violentas* e o discurso de garantia do direito de manifestação, da liberdade de expressão e da democracia tem como efeito rebote o ataque direto a toda e qualquer prática que não se contente em denunciar a violência ou criticar uma instituição. A *moral pacifista,* manifestada por meio das delações e perseguições, é constitutiva do *cidadão-polícia*, entendido aqui como aquele que age "monitorando os demais, atuando nas regras do jogo do controle de si e de todos" (PASSETTI, 2013b, p. 24). Entende-se aqui que as práticas do cidadão-polícia são partes inseparáveis do exercício da *governamentalidade*, ou seja, os mecanismos e procedimentos voltados à condução da conduta dos homens (FOUCAULT, 2014).

Em Junho, esse esforço para conter as revoltas ocorreu tanto no sentido de reprimir, espancar, esquadrinhar, identificar, delatar, prender e, no limite, até mesmo matar os insurrectos, quanto por construir uma Verdade que busca apresentá-las como um efeito da crise da representatividade e dos partidos políticos. Para Eugênio Bucci (2016, p. 72), as jornadas de luta daquele mês manifestaram que haveria um descompasso entre o tempo do Estado, atrelado às velhas burocracias, e o tempo das redes sociais e das ruas ou, em suas próprias palavras, "entre a temporalidade da sociedade civil e a temporalidade do Estado". O autor afirma que esse descompasso é consequência de o sistema político brasileiro ser atrasado e, por isso, não conseguiu acompanhar a renovação dos movimentos sociais de contestação, ocorrida naquele mês. Em sua análise, esse desencontro ocorrido em Junho foi responsável pelo posterior impeachment da então presidenta da República Dilma Rousseff (PT), em 2016, e a consecutiva posse do vice-presidente Michel Temer, do antigo Partido do Movimento Democrático Brasileiro (PMDB) e atual Movimento Democrático Brasileiro (MDB). Esse tipo de análise busca responsabilizar a radicalidade da revolta ocorrida em Junho por uma *guinada à direita* do governo federal. Todavia, esconde-se que Temer (MDB) só foi alçado à presidência pois integrou a chapa de Dilma Rousseff (PT) como vice-presidente.

Similar a essa construção argumentativa está a afirmação da socióloga Esther Solano, professora da Universidade Federal de São Paulo (Unifesp). Em uma matéria do jornal alemão Deutsche Welle, publicada na *Carta Capital* em 22 de junho de 2018, sob o título "Junho de 2013, o mês que não acabou", a socióloga afirmou que a atual configuração política do Brasil, com a ascensão de partidos de direita e o descrédito das tradicionais forças da esquerda, foi gestado em Junho. Naquele mês, afirma,

tinha tudo na rua, era muito heterogêneo, com pautas muito progressistas, pautas da esquerda, mas já tinha pautas da direita, como o combate à corrupção. [...] E tinha um discurso antipolítico, com queima de bandeiras, com gritos de não ter partidos políticos, que se manifesta muito mais forte agora, cinco anos depois. O ano de 2013 já tinha o germe do momento atual. (SOLANO, 2018)

A negação da política organizada a partir dos tradicionais partidos políticos em Junho teria distanciado os partidos de esquerda das ruas. Em sua leitura, quem conseguiu conjurar o "sentimento das ruas" foram grupos vinculados ao campo da direita, como o Movimento Brasil Livre (MBL) e o Vem Pra Rua, ambos ligados diretamente às manifestações ocorridas no Brasil em 2015 e 2016 pela queda de Dilma Rousseff (PT) e que implantaram um discurso *antipetista*. Por fim, no artigo "2016: o ano da polarização", de Esther Solano, Pablo Ortellado e Marcio Moretto, publicado em março de 2017 pelo instituto social-democrata alemão Fundação Friedrich-

Ebert-Stiftung (FES)[38], os autores apontam que após a queda de Dilma Rousseff (PT),

o sentimento antipetista, que antes impregnava politicamente grandes grupos sociais no país, foi dando lugar à expressão de sentimento antipolítico, de negação da política tradicional (nenhum político presta), em detrimento do 'novo-político' ou o 'político-gestor', com seu exemplo mais evidente no sucesso eleitoral de João Doria em São Paulo, ou até do Crivella no Rio de Janeiro. (SOLANO; ORTELLADO; MORETTO, 2017, p. 19)

A relação exposta entre Junho-antipetismo-antipolítica é fundada em uma ligação mecânica, de causa e efeito, que não leva em conta as forças em luta e as capturas do discurso anarquista antipartidário. Com isso, busca-se apaziguar as revoltas que ataquem frontalmente o poder soberano e as práticas de governo. "Uma parte desta sociedade tem absoluto interesse em que a ordem siga reinando; a outra, em que tudo se derrube o mais rápido possível" (AI FERRI CORTI, 2015, p. 4). E decidir de que lado está, matar o policial que há dentro de cada um, é o primeiro passo. O exercício da revolta é o que visa resistir ao aspecto totalizante da razão de Estado, e não denunciar esta ou aquela instituição. A força que não opõe indivíduos ao Estado, como fazem os liberais, nem a comunidade ao Estado, como fazem os comunistas. A anarquia, o incitamento à luta, que ataca frontalmente, com pedras, paus e fogo, a racionalidade política. Essa vontade de combate ainda continua sendo o perigo.

---

[38]. De acordo com o portal da FES, "A Fundação Friedrich Ebert é uma instituição alemã sem fins lucrativos, fundada em 1925. Leva o nome de Friedrich Ebert, primeiro presidente democraticamente eleito da Alemanha, e está comprometida com o ideário da Democracia Social. No Brasil, a FES atua desde 1976. Os objetivos de sua atuação são a consolidação e o aprofundamento da democracia, o fomento de uma economia ambientalmente e socialmente sustentável, o fortalecimento de políticas orientadas na inclusão e justiça social e o apoio de políticas de paz e segurança democrática". Disponível em: <http://fes.org.br>.

Neoliberalismo, democracia e assimilações

Na contemporaneidade, a racionalidade neoliberal promove uma assimilação de termos utilizados para denominar práticas libertárias com a busca de reformar a democracia, *oxigenar o capitalismo e suas empresas, bem como os partidos com coletivos que passam a apresentar o discurso de horizontalidade visando buscar mais representatividade na política com a criação de novos protagonistas.*

De acordo com Michel Foucault (2008), com a racionalidade neoliberal ocorre uma multiplicação da forma empresa, fazendo do mercado e da concorrência o que ele chama de "poder enformador da sociedade". O neoliberalismo tem como problema "saber como se pode regular o exercício global do poder político com base nos princípios de uma economia de mercado" (FOUCAULT, 2008, p. 181). Isso significa ampliar o mercado para a sociedade, projetar nela os princípios da economia de mercado, calcada na concorrência.

O filósofo francês aponta as principais diferenças entre o liberalismo clássico e o neoliberalismo. De acordo com ele, há um primeiro deslocamento que se dá no âmbito do mercado. No liberalismo do século XVIII o mercado era definido e descrito a partir da troca livre entre dois parceiros que estabelecem uma equivalência entre os dois valores.

O modelo e o princípio do mercado eram a troca, e a liberdade de mercado, a não intervenção de um terceiro, de uma autoridade qualquer, *a fortiori* da autoridade do Estado, era aplicada, evidentemente, para que o mercado fosse válido e para que a equivalência fosse de fato equivalência. No máximo pedia-se ao Estado para supervisionar o bom funcionamento do mercado, isto é, fazer da sorte que fosse respeitada a liberdade dos que trocam. (FOUCAULT, 2008, p. 161)

Sendo assim, o Estado não teria de interferir no interior do mercado, mas sim no âmbito da produção, pois era necessário garantir e respeitar a propriedade individual do que se produz. É nesse ponto que autoridade estatal deveria intervir, e não no mercado. Já no neoliberalismo, o mercado não se baseia na concepção clássica liberal de troca, mas sim de concorrência. Não se trata mais de entender a sociedade a partir de uma submissão ao efeito-mercadoria, mas à dinâmica concorrencial. Como aponta Foucault (2008), admite-se em quase toda a teoria liberal que o predominante não é a equivalência, mas a desigualdade. A concorrência, nesses termos, possui uma lógica própria, interna. É um jogo formal entre desigualdades. Contudo, a concorrência neoliberal só produzirá seus efeitos a partir de condições artificialmente preparadas, pois não é um dado natural; é o resultado de um longo esforço. A concorrência pura nunca será alcançada. Ela é um objetivo que supõe uma política infinitamente ativa. Sendo assim, a concorrência neoliberal é um objetivo histórico da arte *governamental*, que só pode existir por meio de uma *governamentalidade ativa*.

Na metade do século XX, o neoliberalismo promove um deslocamento no liberalismo clássico. Um dos pontos centrais é a dissolução da fronteira entre a economia de concorrência e a dinâmica das relações sociais

Vai-se ter portanto uma espécie de justaposição total dos mecanismos de mercado indexados à concorrência e da política governamental. O governo deve acompanhar de ponta a ponta uma economia de mercado. A economia de mercado não subtrai algo do governo. Ao contrário, ela indica, ela constitui o indexador geral sob o qual se deve colocar a regra que vai definir todas as ações governamentais. É necessário governar para o mercado, em vez de governar por causa do mercado. (FOUCAULT, 2008, pp. 164–165)

Com o advento do neoliberalismo, a linha divisória que separava o operário da fábrica no capitalismo industrial é borrada. Isso não significa que a propriedade e a exploração dos trabalhadores foram abolidas. Ocorre que a relação passa a ser mediada e articulada em torno da *forma* empresa. Não apenas a fábrica se torna uma empresa, mas o próprio trabalhador passa a ser parte constitutiva da sociedade empresarial. Desse modo, há um deslocamento na centralidade da relação entre capital e força de trabalho para a relação entre capital-capital humano. Se antes o capitalismo se baseava na extração da força de trabalho, da força física, agora ele se sustenta pelo investimento em capital humano, que são as constituições físicas e as características adquiridas pelo sujeito-empresário-de-si. Há um movimento duplo: o trabalhador é assimilado enquanto *parte* da empresa e, ao mesmo tempo, assimila em suas práticas cotidianas a própria dinâmica empresarial. O trabalhador, enquanto empresário-de-si, é estimulado a desenvolver constantemente suas capacidades para se destacar no jogo da concorrência.

Quanto mais se multiplicam as unidades-empresa e, portanto, o jogo da concorrência, mais aumenta a necessidade de uma arbitragem jurídica. No caso da democracia contemporânea, esta arbitragem se apresenta como Estado democrático de direitos e tanto os partidos políticos enquanto empresas, quanto as empresas produtoras de produtos devem passar por uma constante atualização organizacional e programática.

Com a racionalidade neoliberal, é produzida uma apropriação constante da linguagem. Como pontua Alfredo Olmeda, em *Do apoio mútuo à solidariedade neoliberal* (2017), o neoliberalismo promove uma *insubstancialidade semântica*, pois as palavras passam por "um tal grau de edulcoração que têm perdido sua substância para se converterem em um amável envoltório sem relevância" (OLMEDA, 2017, p. 9). Ocorre, então, o que ele chama a partir das pesquisas de Joaquín García-Roca de *hemorragia de sentidos*.

Cabe ressaltar, porém, que a perspectiva genealógica da qual parto nesta pesquisa é a de analisar as estratégias das forças em luta, o que significa, quando se trata do uso das palavras, captar as assimilações, as inversões, as capturas. Sendo assim, rejeita-se aqui a noção de que as palavras têm uma origem ou uma substância, uma essência. Elas são efeitos da disputa de verdade, do enfrentamento das forças, elas possuem uma história política.

Ainda assim, a análise de Olmeda (2017) diagnostica importantes aspectos acerca das capturas de práticas libertárias pelo neoliberalismo. A proposta do autor é mostrar a história de como o apoio mútuo presente nas práticas anarquistas é assimilado, em suas palavras, "esvaziado", para se transformar em programas de ONGs baseados na filantropia e na "indústria da miséria" estimulada pelo terceiro setor. Nesse sentido, diz ele, a pobreza deixa de ser entendida como um problema e se torna uma fonte de possibilidade de negócios e investimentos que conformam um setor da economia que, em 2005, representou a 8ª maior economia do mundo, com a movimentação de mais de 1 bilhão de dólares (OLMEDA, 2017).

O laboratório de estudos interdisciplinares Media Lab, do Instituto de Tecnologia de Massachussetts (MIT), realizou em 2017 um concurso para premiar com até U$ 250 mil as melhores práticas de desobediência civil. Na matéria[1] de Tamara Best (*New York Times*) sobre o prêmio, publicada no caderno Link, do *Estado de São Paulo*, é afirmado que

O laboratório criou o prêmio depois de perceber que só existem duas formas de progredir nas grandes instituições, públicas ou privadas. 'O progresso acontece quando as pessoas seguem as regras e trabalham de acordo com os processos ou quando uma pessoa muda radicalmente os processos, porque eles não funcionam mais', diz o diretor do Centro de Mídia Cívica do MIT, Ethan Zuckerman. (*O Estado de São Paulo*, 2017)

Ethan Zuckerman cita como "desobediências responsáveis", por exemplo, a ação da Apple de não desbloquear iPhones para ceder informações pessoais de usuários ao governo dos Estados Unidos. A proposta do prêmio, nas palavras do diretor, é permitir que as pessoas se questionem quais tipos de desobediência elas desejam ver e receber algum tipo de recompensa. Por fim, quando questionado se esse tipo de prêmio não encorajaria pessoas a descumprir as leis, ele respondeu que leis injustas devem ser questionadas e "se você as desafia sem quebrá-las, é ainda melhor [...] As leis evoluem ao longo do tempo e são feitas para serem desafiadas, pois se não há questionamentos, elas não melhoram". Esse é um dos casos de assimilação de práticas de resistência, com o objetivo de reformar o exercício de governo e o aparato jurídico-administrativo do Estado.

---

1. Cf. "MIT dá prêmio de U$250mil a desobedientes". *Estado de S. Paulo*, 11/03/2017. Disponível online.

Outro caso de assimilação se deu sobre a autogestão. Entendida pelos anarquistas como uma *ação direta*, ela se refere a uma prática na qual a gestão de um espaço, seja uma fábrica, um centro cultural, uma escola, entre outros, é feita de maneira não hierárquica, sem divisão entre chefes que mandam e subordinados que obedecem. Os participantes são envolvidos diretamente nas decisões, sem a presença de um *pastor*. Não se trata da multiplicação de lideranças, mas de sua abolição. No caso de uma fábrica, por exemplo, a produção não estaria nas mãos do Estado ou de um grupo, mas, temporariamente, "nas mãos daqueles que nela trabalham e que deve passar automaticamente para as mãos dos substitutos" (JOYEUX, 2003, p. 29). Contudo, cabe ressaltar que, para os anarquistas, mesmo no caso de um fábrica, ela não se esgota no campo da produção, mas engloba a própria articulação das lutas. "Se a luta for extinta, a autogestão torna-se nada mais do que a autogestão da exploração pessoal" (BONANNO, 2019b, p. 27). Portanto, ela é uma prática indissociável da luta anti-hierárquica e anticapitalista, do combate ao regime da propriedade.

Ainda assim, a autogestão também foi assimilada pelo neoliberalismo. Abrandada, começou a ser utilizada para se referir à aplicação nas empresas da *gestão compartilhada*. O portal do Institute for Learning & Performance Brasil chegou inclusive a anunciar que "o modelo de empresa hierarquizado, em que o processo de decisão é de cima para baixo, fundamentado no feeling do gestor, está em fase de desaparecimento"[2].

O Instituto Brasileiro de Coaching, em seu portal, divulgou o texto "Entenda o conceito de autogestão e a sua contribuição para a sociedade", em que definem a autogestão como a participação democrática dos *colaboradores*, promovendo sua autonomia e aumentando significativamente sua produtividade.

O intuito do modelo é promover autonomia, igualdade e anular as hierarquias e a burocratização presentes na empresa. O trabalho coletivo elimina a ideia de que alguém é encarregado de transmitir tarefas e outra pessoa

---

2. Cf. MORAES, G. "Gestão compartilhada". Institute for Learning & Performance Brasil. 24/07/2009. Disponível online.

as executa: os colaboradores, por meio de um consenso, tomam as decisões que melhor auxiliem no funcionamento e gestão da organização. (IBC, 2017)

O argumento apresentado no texto para ressaltar a importância desse *modelo* é que as empresas atuais já não seguem mais "padrões engessados, onde o gestor delega tarefas e os colaboradores as cumprem sem poder contribuir com novas ideias".

Liderança compartilhada, consenso, processos democráticos, compartilhamento das informações da empresa, superação de metas, trabalho coletivo e autonomia são elementos constitutivos dessa nova *forma* empresarial. Não se trata, porém, da extinção da liderança, da relação entre quem manda e quem obedece. "Outras mesmas palavras de ordem se formam: Participe! Proteste! Exija direitos! Busque reconhecimento! Afirme sua identidade! Nesse jogo, uma relação de reforço mútuo e sobrecodificação se forma e impede que algo realmente estranho se produza; bloqueia-se a produção de linhas de fuga" (AUGUSTO, 2016, p. 59).

A assimilação de termos e práticas libertárias age no sentido de neutralizar a radicalidade das lutas, englobando-os como *palavras-chave* para fazer funcionar as constantes *inovações* do jogo da concorrência neoliberal. O apoio mútuo é assimilado por ONGs como filantropia; o enfrentamento às leis passa a ser estimulado, como maneira de atualizá-las, na forma de premiações financeiras para *desobediências civis responsáveis*; a autogestão é apropriada por empresas como *gestão compartilhada*. Assim, retira-se o aspecto anticapitalista e antiautoritário das práticas, adequando-as à racionalidade neoliberal.

O DISCURSO DA CRISE DA DEMOCRACIA E A ATUALIZAÇÃO DA POLÍTICA

O mesmo movimento de assimilação e apaziguamento das práticas anarquistas aparece na atualização dos partidos políticos e na emergência da *nova política*. Ela surge baseada no argumento de que a democracia e os partidos estariam em crise e, portanto, seria necessário atualizá-los. Cabe lembrar que o discurso da crise, seja ela do capitalismo ou da democracia, emerge acompanhado de tecnologias de governo, não para atestar seu fim, mas para perpetuá-las por meio de reformas. Basta lembrar, como faz o Comitê Invisível (2014)[3], que Milton Friedman, um dos economistas responsáveis pela Escola neoliberal de Chicago, dava o seguinte conselho aos seus seguidores: se querem implantar uma mudança, desencadeiem uma crise.

É por via do seu aspeto ingovernável que ele é realmente governável. É aí que está a manha. Ao adotar a gestão de crise como técnica de governo, o capital não se limitou apenas a substituir o culto do progresso pela chantagem da catástrofe, ele quis reservar para si a inteligência estratégica do presente, a visão de conjunto sobre as operações em curso. É o que importa disputar-lhe. Trata-se, em matéria de estratégia, de voltarmos a ter dois passos de avanço em relação à governação global. (COMITÊ INVISÍVEL, 2014, p. 14)

Em junho de 2013, as práticas discursivas que se afastavam da *forma* partido provinham do autonomismo de grupos como o Movimento Passe Livre (MPL) e de anarquistas, sobretudo os que praticaram ações insurrecionais como o *bloco negro*. No primeiro caso, o autonomismo do MPL se apresenta como apartidário, rejeitava a participação oficial de partidos para evitar que o movimento fosse utilizado por estes para alcançar projeção política. Contudo, toleravam a participação de militantes vinculados a partidos, conforme exposto na carta inaugural do grupo[4]. Os anarquistas, principalmente os praticantes do *bloco negro*, se colocavam de maneira antipartidária, negando a *forma partido,* tanto na maneira associativa como se articulavam quanto nas *ações diretas* de ataque a sedes de instituições e prédios do Estado.

Os anarquistas exercem a *antipolítica* enquanto a afirmação da liberdade por meio da atitude da revolta. Como aponta Acácio Augusto (2013, p. 4), "a anarquia é uma prática histórica de confronto com os poderes, luta contra as formas de autoridade e avessa à produção dos assujeitamentos. Provoca a antipolítica que se afirma pela atitude de revolta". Tal perspectiva nada tem a ver com a cons-

---

3. Cf. https://bit.ly/2lwi8Tt.
4. Cf. "Princípios", no site online do Movimento Passe Livre – Fortaleza.

trução de uma *nova política*, visto que não se aceita o princípio de pacificação e reivindicações ao Estado, muito menos as tentativas de instaurar novos protagonistas no âmbito jurídico-político das instituições e na configuração de uma vanguarda revolucionária. "A antipolítica como atitude libertária se opõe à busca pela paz definitiva que se afirma, modernamente, desde os liberais, por meio do reconhecimento dos direitos ou institucionalização dos verdadeiros direitos universais" (AUGUSTO, 2013, p. 30). Nesse sentido, se trata de uma prática que se coloca fora do campo restitutivo do exercício de governo, pois é um "embate presente pela abolição radical dos dispositivos de poder, uma obra de destruição, diversa de um investimento para uma futura salvação (AUGUSTO, 2013, p. 91).

Autores como Solano, Ortellado e Moretto (2017) tentam encampar a afirmação de que a *antipolítica* é, na verdade, a negação da política tradicional, que tem como efeito a troca do que seria a figura do político pela do gestor. Isso implica não levar em conta o contexto da racionalidade neoliberal, quando a economia se expande para a sociedade com a multiplicação da *forma empresa*, em que cada um se torna uma empresa, um gestor de si, como afirma Foucault (2008). Se com a racionalidade neoliberal os sujeitos se tornam empresários-de-si e parte da *sociedade empresarial* sobretudo pela assimilação da linguagem e das práticas empresariais, não é de se espantar que apareça, nesse momento, a figura do político-gestor. O enquadramento da *antipolítica* anarquista, manifestada por meio da revolta, enquanto a negação da política tradicional é ela própria uma assimilação voltada para produzir um efeito retórico reformista que justifique Junho pelo argumento da crise dos partidos. É a tentativa de responsabilizar as práticas anarquistas de *antipolítica* pela atualização do sistema político, pelas reformas no exercício de governo e da soberania, como as ocorridas no período pós-Junho.

O cientista político Humberto Laudares, em uma entrevista para o jornal Nexo[5], afirmou que o principal legado das manifestações

---

5. Cf. CHARLEAUX, J. "O que foram, afinal, as Jornadas de Junho de 2013. E no que elas deram". Nexo Jornal. Disponível online.

de 2013 foi o de explicitar que o *cidadão*, empunhando um telefone em mãos, pode se organizar e fazer política.

Nesse sentido, 2013 foi um grande grito de insatisfação com a representação política, com as mais diferentes mensagens e sotaques. No entanto, encorajou muitos movimentos da sociedade civil, com diferentes pautas e vertentes ideológicas, a se manifestar nos anos seguintes. Diria que inspirou também outros movimentos a se organizarem para atuar em rede. Espero que 2013 invada 2018, só que dessa vez o cidadão não ocupe o lado de fora do Congresso Nacional, mas a representação política de fato após as eleições. O ano de 2013 protestou contra essa política arcaica. Quem sabe a sociedade amadureceu o suficiente para renová-la dessa vez. (LAUDARES, 2017, entrevista para o jornal NEXO)

Na análise de Laudares (2017) sobressai a constatação de que as reivindicações dos *cidadãos* não estavam sendo devidamente atendidas pelo Estado democrático de direito e que seria preciso uma renovação política com novos protagonistas no jogo representativo.

Cabe ressaltar que Laudares é um dos responsáveis pela articulação do movimento Onda Azul, fundado em 2014. Na descrição da página do Facebook, a organização afirma ser "um movimento socialdemocrata que conecta a voz das ruas com a política". O movimento propõe, em seu manifesto, que a renovação política deve acontecer pela democratização da sociedade. O caminho apontado por eles passa pela oxigenação dos partidos políticos, sobretudo o Partido da Social Democracia Brasileira (PSDB), partido no qual o movimento em questão propõe uma filiação de seus membros. Em seu manifesto, o grupo afirma ser

parte dos milhões de brasileiros que querem ampliar os meios de participação na vida política brasileira. Estamos certos de que tal tarefa passa pelo aperfeiçoamento dos mecanismos de integração da sociedade civil nas mais variadas instâncias da vida política nacional de maneira livre, transparente e autônoma. [...] A democracia vibrante que desejamos requer partidos que defendam valores claros, tenham raízes profundas na sociedade civil e disponham de alta capacidade de mobilização. [...] Somos parte dos milhões de brasileiros que acreditam firmemente que é possível fazer política sem compactuar, de modo algum, com práticas escusas. Acreditamos que nenhum suposto avanço econômico ou social pode ser feito às custas da transparência, da decência e da dignidade na política. Ética na política, garantia dos direitos humanos, respeito à diversidade e luta por justiça social jamais combinaram e jamais combinarão com fisiologismo e corrupção, e dar combate a tais males é dever de cada indivíduo e de cada partido verdadeiramente democrático em nosso país. (MANIFESTO ONDA AZUL, pp. 1-2, 2014)

Na contemporaneidade, a atualização da democracia se tornou alvo de disputas, redimensionando a própria noção de autonomismo. Diferentemente do autonomismo operário italiano da década de 1970, do movimento autonomista alemão da década de 1980 e do próprio movimento antiglobalização do final dos anos 1990, o autonomismo no Brasil transbordou com junho de 2013 do campo identificado como esquerda, mas acabou por se tornar uma tecnologia política que atravessa tanto a esquerda quanto a direita. Um dos casos em que isso se evidenciou foi a maneira pela qual grupos como o Vem Pra Rua, o Revoltados Online, o Direita São Paulo e o Movimento Brasil Livre assimilaram a prática discursiva autonomista ao se apresentarem como apartidários e independentes de organizações.

A assimilação foi explícita, tanto é que o próprio nome do Movimento Brasil Livre (MBL) é uma usurpação sobre o Movimento Passe Livre (MPL), grupo que realizou o chamado para as primeiras manifestações de junho de 2013. O Movimento Brasil Livre foi fundado em 1 de novembro de 2014 e se identifica, em sua página oficial de Facebook, como "uma entidade que visa mobilizar cidadãos em favor de uma sociedade mais livre, justa e próspera". O grupo surgiu para capturar a potência de junho, apresentando um discurso de combater a corrupção, atualizar a democracia e renovar os partidos.

Essa direita conseguiu surfar na onda das novas mobilizações, reconfigurando a sua imagem e dando um caráter jovial à sua estética pública. Na última eleição, em 2018, integrantes dos grupos de direita que se diziam apartidários concorreram a diversos cargos. Do MBL, foram eleitos Arthur Moledo do Val, como deputado estadual por São Paulo, e Kim Kataguiri, como deputado federal, ambos pelo partido Democratas (DEM). Em 2016, Fernando Holiday, também do MBL, já havia sido eleito para a Câmara dos Vereadores de São

Paulo pelo mesmo partido. Além deles, na última eleição, somando os candidatos do MBL com os de outros grupos da nova direita, como o Renova BR, Acredito e Livres, ao menos 28 conseguiram se eleger para a Câmara Federal, Senado e Assembleias Estaduais[6].

Apesar de se calcarem no discurso de *atualização*, as práticas se mantiveram as mesmas da direita tradicional. Basta lembrar como os grupos de direita Revoltados Online e o Direita São Paulo tratam o Coronel Brilhante Ustra, conhecido torturador do regime civil-militar brasileiro como herói nacional. Assim como o youtuber Arthur Moledo do Val, membro do já mencionado MBL e eleito deputado estadual pelo DEM, que durante as manifestações na capital paulista desfilou (e ainda desfila) com uma equipe de segurança formada por brutamontes integrantes de organizações neonazistas da Grande São Paulo[7].

Apresentando-se como outra força, mas ainda sim inserida no mesmo campo de atualização das instituições, está a chamada Bancada Ativista, iniciativa que se define como

um movimento suprapartidário de cidadãs e cidadãos da cidade de São Paulo, com atuação em múltiplas causas sociais, econômicas, políticas e ambientais, que buscou ajudar a eleger ativistas para a Câmara de Vereadores nas eleições de 2016. Visamos oxigenar a política institucional e promover os princípios e práticas que defendemos, por meio de um formato colaborativo e pedagógico de campanha que fuja dos vícios da política tradicional. (BANCADA ATIVISTA, 2016)

Como "canditatxs" à eleição de 2016, a Bancada Ativista lançou Adriana Vasconcellos, Douglas Belchior, Isa Penna, Marcio Black, Marina Helou, Pedro Markun, Sâmia Bomfim e Todd Tomorrow. Apesar de se dizerem um movimento que estimula a criação de candidaturas independentes, que dizem respeito à possibilidade de cidadãos disputarem eleições para o legislativo sem estarem filiados a

---

6. Cf. "Movimentos como o MBL e Livres têm desempenho de partidos de expressão nacional". Gazeta do Povo, 08/10/2019. Disponível online.
7. Essa relação entre integrantes do MBL e grupos neonazistas foi exposta por militantes antifascistas de São Paulo e veiculada, posteriormente, pelo periódico *Causa Operária*. "MBL e o Neonazismo, uma aliança tradicional". *Causa Operária*, 04/05/2017. Disponível online.

partidos políticos, todos os candidatos da Bancada Ativista integram os partidos das chamadas "forças progressistas", como PSOL e REDE, visto que as candidaturas sem vínculos com legendas políticas não são permitidas no Brasil. Na aba "Candidaturas", do site da iniciativa, diz-se que elas ajudariam a oxigenar o sistema político e também "pressionam partidos a se tornarem mais democráticos e coerentes por tirar deles (e das cúpulas que os controlam) o monopólio da disputa eleitoral".

Os princípios que guiam as ações do movimento são: a transparência, a participação cidadã, a autonomia e a diversidade. Diz o texto disponível no site:

Nós somos irredutíveis em relação à garantia e promoção dos direitos humanos, incluindo os direitos econômicos, sociais e culturais e os direitos civis e políticos. Nós acreditamos em uma cidade coletiva, humana, diversa, com os espaços públicos como protagonistas. Nós acreditamos que o combate às desigualdades sociais e econômicas deve orientar as políticas públicas nas cidades. Nós acreditamos na abertura, na transparência e na participação como mecanismos de transformação política e forma de enfrentamento à corrupção. Nós não toleramos práticas discriminatórias de nenhuma natureza. Nós acreditamos que não existe desenvolvimento sem a conservação e regeneração do meio ambiente. Nós acreditamos na defesa incondicional do Estado Democrático de Direito e do Estado Laico. (BANCADA ATIVISTA, 2016)

Na eleição de 2016, Sâmia Bomfim (PSOL), uma das candidatas apoiadas pela Bancada Ativista foi eleita como vereadora da cidade de São Paulo. Para as eleições de 2018, a iniciativa apresentava a proposta de lançar uma candidatura coletiva para deputado estadual em São Paulo.

Ao invés de promover candidaturas individuais, desafiaremos a política tradicional construindo uma candidatura coletiva que unirá ativistas representantes de diversas causas em torno de um mesmo número na urna. O voto para a Bancada Ativista não elegerá uma pessoa, mas um grupo de pessoas com sólida trajetória de atuação na sociedade, que irão juntas compor um mandato também coletivo. Esse voto elegerá um movimento de ocupação política, e lá dentro daremos passos ainda maiores na defesa de pautas progressistas — com total abertura a quem quiser somar esforços, e metodologias de participação que radicalizem a democracia. (BANCADA ATIVISTA, 2018)

Apesar da Bancada Ativista ser uma entre tantas as forças que emergiram após as Jornadas de Junho de 2013, ela ganha uma relevância para a análise aqui apresentada, pois é o movimento mais explícito da nova configuração dos partidos políticos de esquerda e de suas tentativas de capturar a potência das ruas, sobretudo pelo argumento de ser um estímulo à participação dos cidadãos no legislativo.

Outra iniciativa criada no Brasil foi a Escola de Ativismo[8], grupo formado em 2010 com a *missão* (termo utilizado originalmente para delimitar os objetivos aos quais uma empresa deve alcançar) de: "fortalecer grupos ativistas por meio de processos de aprendizagem em estratégias e técnicas de ações não-violentas e criativas, campanhas, comunicação, mobilização, e segurança da informação, voltadas para a defesa da democracia, dos direitos humanos e da sustentabilidade". Entre os princípios do grupo estão o apartidarismo ("que respeita a diversidade de posições políticas de seus integrantes desde que não conflite com sua missão"), a independência ("financeira, política, pedagógica e operacional de empresas, sindicatos, governos, partidos políticos, bancos e igrejas"), transparência ("das informações referentes aos seus processos e resultados, inclusive financeiros, como prestação de contas à sociedade") e a horizontalidade ("garantindo sua atuação por meio de múltiplas lideranças").

A Escola organiza desde 2014, junto com o Instituto Internacional de Educação no Brasil (IEB) o projeto LIDERAR, "voltado ao aprendizado e ao fortalecimento de lideranças comunitárias como condição necessária para gerar transformações positivas nos padrões de relação política e de interação entre sociedades e ambientes na Amazônia Brasileira. O projeto ocorre anualmente com "homens e mulheres extrativistas, indígenas, ribeirinhos e trabalhadores rurais" para destacar o papel das lideranças na articulação de mudanças e na promoção "da preservação do patrimônio ambiental e do bem-estar social".

---

8. Cf. o site online "Escola de Ativismo".

O IEB, um dos promotores do programa, aponta que o desenvolvimento de lideranças é uma condição necessária para induzir transformações na relação entre a sociedade civil e a natureza, e se propõe a capacitar, por meio da educação continuada, as lideranças em um outro patamar de atuação.

O curso consiste em três componentes, que são: a formação continuada com três encontros formativos realizados ao longo de dez meses nas cidades de Manaus, Belém ou Brasília; uma "bolsa desenvolvimento de liderança", cedido a cada um dos participantes durante o curso; e a orientação por tutoria, em que cada *futuro líder* recebe orientação pedagógica para a construção de um projeto de intervenção em suas organizações locais. Ressalta-se o desejo por liderar, a percepção de que suas aldeias ou comunidades necessitavam de uma figura de liderança e o anseio de se alcançar o bem-estar para todos os moradores locais.

No quadro da racionalidade neoliberal diagnosticado por Foucault (2008), em que o mercado se expande para a sociedade, que passa a se constituir como uma empresa na qual o sujeito é também uma empresa, as práticas políticas não estão isoladas. Para além da questão da liderança, a *governamentalidade neoliberal* produz uma ideia fixa tanto nas forças vinculadas ao campo da esquerda quanto da direita: a democracia. No caso dos partidos políticos, o poder pastoral se exerce de maneira moderna, ou seja, o pastor deve assegurar a segurança e a vida do rebanho. Com isso, houve um deslocamento no que seria o autonomismo entendido como uma prática radical de enfrentamento direto à representação e a verticalidade política para uma reconfiguração dos grupos enquanto *sociedade civil organizada* disposta a monitorar as práticas governamentais e investigar e levar ao poder judiciário casos de corrupção. Dessa maneira, o autonomismo se transforma em uma tecnologia política, a militância agora assume a configuração de *ativismo* e algumas organizações passam a ter práticas empresariais.

No redimensionamento da militância como *ativismo*, a figura do pastor como um líder, um indivíduo que comanda a massa, é configurada enquanto um coletivo de líderes. A *horizontalidade democrática* é o redimensionamento do poder pastoral, é a reconstituição da centralidade em um coletivo.

A função do pastor não é mais a de salvar a vida do rebanho, mas de melhorar suas condições dentro do Estado e de sua construção jurídica. E no campo do poder pastoral contemporâneo estão as identidades. A função do líder, seja ele tradicional ou um coletivo de líderes, é a de agrupar indivíduos que se encontram dispersos. E o que se procura é a constituição de lideranças para serem recrutadas. A *governamentalidade* desloca o governo das condutas e parte das figuras que eram categorizadas como anormais, desviantes, passam a ser assimiladas nos movimentos de minorias, em projetos para se construir políticas públicas ou até mesmo para se qualificarem enquanto formadores de líderes locais, como no caso do projeto LIDERAR. O que se almeja é tornar-se cidadão, parte constitutiva da *sociedade civil organizada* que participará da cogestão do Estado com seus representantes.

A Bancada Ativista, por sua vez, busca *canalizar* a revolta das ruas na forma eleitoral, ainda que de maneira reconfigurada. E *canalizar* para as instituições significa dirigir, conduzir, cercar, constituir barreiras para evitar que essa força escorra ao seu governo ou à sua programática. É a tentativa de *democratizar a democracia,* de atualizar o sistema político com a criação de novos protagonistas, com o argumento de instaurar um governo popular. Cabe lembrar que com o discurso do governo popular se "esconde o despotismo da minoria dirigente, mentira ainda mais perigosa por ser apresentada como a expressão da pretensa vontade popular" (BAKUNIN *apud* GORDON, 2017, p. 132).

Exige-se cada vez mais participação da sociedade civil organizada no aperfeiçoamento e solidificação da prática de governo. A política é a guerra continuada por outros meios e a constituição dos direitos é o resultado dessa relação de forças. Foucault, em *Do governo dos vivos*, afirma: "Nenhum poder é fundado nem em direito nem em necessidade, pois todo poder nunca repousa em outra coisa que não a contingência e a fragilidade de uma história, que o contrato social é um blefe e a sociedade civil uma história para criancinhas, que não há nenhum direito universal, imediato e evidente que possa em toda parte e sempre sustentar uma relação de poder, qualquer que seja" (FOUCAULT, 2014, p. 72).

Na era da pacificação, do pluralismo democrático, a assimilação e a captura são a eliminação das práticas de resistência continuada por outros meios. É a tentativa incessante de levar para as instituições os que são considerados radicais, como lideranças, para manter o bom funcionamento do governo, para manter tudo como está.

ANARQUISMO, MARXISMO E AUTONOMISMO

No mesmo contexto, há também a crescente tentativa de aproximação das práticas anarquistas com o marxismo. Apesar das divergências explícitas entre tais forças, alguns autores contemporâneos propõem uma união entre ambos, como é o caso de Michel Löwy e Olivier Besancenot, que lançaram um livro intitulado *Afinidades revolucionárias: nossas estrelas vermelhas e negras – por uma solidariedade entre marxistas e libertários* (2016). Os dois autores, marxistas franceses da "escola" do pós-Maio de 1968, propõem a consolidação de um "marxismo libertário", que, de acordo com eles,

não é uma doutrina, um *corpus* teórico concluído: trata-se antes de uma *afinidade*, de um certo encaminhamento político e intelectual: a vontade de desvencilhar-se, pela revolução, da ditadura do capital para construir uma sociedade desalienada, igualitária, liberada do jugo autoritário do Estado. Com efeito, não existe *um* só marxismo libertário, mas uma grande diversidade de tentativas, mais ou menos bem-sucedidas, de criar pontes entre as duas grandes tradições revolucionárias. [...] Nosso ponto de partida, por nossa história e por nossa formação, é o marxismo. [...] [ainda assim] nós pensamos que a cultura revolucionária do futuro, a das lutas de emancipação do século XXI será marxista e libertária. (LÖWY e BESANCENOT, 2016, pp. 188–189)

O chamado "marxismo libertário" propõe a abandonar da análise materialista-histórica-dialética sobretudo a noção de ditadura do proletariado. No Brasil, encontramos ecos desse pensamento no chamado "marxismo heterodoxo", trabalhado por Maurício Tragtenberg, em que são combinadas a crítica política *proudhoniana* e a crítica econômica marxista. De acordo com ele, o marxismo heterodoxo propõe "uma leitura de Karl Marx que não seja regida por moldes 'ortodoxos' definidos pelo chamado 'marxismo-leninismo-stalinismo' ou 'marxismo-leninismo-trotskysmo', que fundamenta as análises dos PCs vinculados ao modelo da URSS" (TRAGTENBERG, 1981, p. 7). Como mostra Acácio Augusto (2014, p. 161), na contemporaneidade, os escritos de neomarxistas como Antonio Negri e Michael Hardt também estão nesse campo que busca incorporar as práticas anarquistas a fim de "limpar o marxismo de seu traço autoritário constitutivo e se reinscrever no campo socialista da luta por igualdade, e também pela liberdade".

Numa via contrária, de organizações anarquistas que aderem ao *modus operandi* e ao léxico marxista, está a Aliança Anarquista, fundada na capital paulista por estudantes da Universidade de São Paulo (USP), no ano de 2015, durante o refluxo das mobilizações do pós-Junho. É importante ressaltar que, apesar do nome, nada tem a ver com a primeira formação da Aliança Anarquista, na cidade de São Paulo em outubro de 1916, que se propunha a ser órgão de associação entre os anarquistas integrantes ou não de grupos, das mais diferentes perspectivas de ação, com o objetivo de congregar esforços na propaganda geral e básica da anarquia (LOPREATO, 2000). A iniciativa, que foi um dos fatores que fortaleceu as associações e potencializou a greve geral de 1917, também se expandiu para o Rio de Janeiro no ano de 1918.

A Aliança Anarquista contemporânea surge enquanto uma *organização* própria. Para eles,

A luta de classes impõe a necessidade da organização da vanguarda militante em um organismo que tenha como horizonte um programa anarquista revolucionário [...] Este projeto é a construção de um partido que seja capaz de dirigir a luta organizada dos trabalhadores. Um partido que incorpore a vanguarda da classe trabalhadora disposta a pôr em prática o programa anarquista. Que aglutine em seu interior os elementos militantes dos mais diversos setores da classe, ao redor de uma unidade tática, estratégica, programática e teórica e sob o compromisso básico da responsabilidade coletiva e da disciplina revolucionária. (ALIANÇA ANARQUISTA, 2015, p. 12)[9]

---

9. Cf. ALIANÇA ANARQUISTA, "Manifesto". Disponível online.

Desse modo, se aproximam ainda mais do marxismo-leninismo clássico, tanto na defesa de que é necessário a constituição de uma *vanguarda*, de uma *unidade* programática e da *disciplina*. Dizem eles:

o sujeito revolucionário só pode ser a própria classe trabalhadora e a nosso ver, o anarquismo deve ter como objetivo a formulação de um programa possível de ser abraçado pelo conjunto desta classe como ela realmente existe hoje, com todas suas imperfeições. (ALIANÇA ANARQUISTA, 2015, p. 16)

No caso de Löwy e Besancenot (2016), ambos propõem oxigenar o marxismo a partir da *assimilação* das práticas de liberdade dos anarquistas, pois "se tomar banho de anarquismo, o marxismo de hoje pode sair curado de suas pústulas e regenerado. Esse banho é mais do que nunca necessário" (LÖWY e BESANCENOT, 2016, p. 146). Há uma passagem do discurso marxista tradicional, que categorizava o anarquismo enquanto *pré-político*, como colocado por Hobsbawm (2003), para o anarquismo enquanto um cosmético a ser utilizado com a finalidade de se ganhar uma nova cara, de "curar as pústulas" e afastar-se de determinadas práticas autoritárias emboloradas.

O livro em questão aponta para a possibilidade de constituir uma unidade entre os marxistas e os anarquistas por meio do já mencionado "marxismo libertário", ou seja, pela condução dos movimentos a partir de uma análise marxista afastada da ortodoxia dos partidos comunistas, da ditadura do proletariado reforçada pelo leninismo. A tentativa marxista de unificar-se com os anarquismos é recorrente desde o século XIX, com maior força em irrupções, revoltas, insurgências e revoluções. Isso pode ser notado na Revolução Russa, por exemplo, de onde procedem as afirmações clássicas leninistas de que o comunismo e o anarquismo têm o mesmo objetivo, só divergem nos *meios* utilizados, o que foi prontamente combatido pela anarquista Emma Goldman, que pontuou: "Nenhuma revolução jamais se tornará um fator de liberação se os *meios* utilizados para aprofundá-la não estiverem em harmonia, em seu espírito e sua tendência, com os *objetivos* a alcançar" (GOLDMAN, 2004, p. 100). O que significa, em outras palavras, afirmar que meios autoritários não podem levar a fins libertários, ou seja, divergências de meios são divergências de fins.

Mesmo assim, Löwy e Besancenot (2016) evocam no prefácio à edição brasileira do livro *Afinidades revolucionárias*, entre outros exemplos, as revoltas de junho de 2013 em São Paulo.

Será que essa história pertence só ao passado? Não acreditamos nisso. Um exemplo mostra a atualidade dessa discussão no Brasil hoje: o Movimento Passe Livre. Organizador das grandes manifestações contra o aumento do preço do transporte público nas capitais do país, o MPL levou centenas de milhares de pessoas às ruas em junho de 2013 — um episódio sem precedentes na história do país. Pequena rede organizada de forma federativa e horizontal, o MPL inclui anarquistas, marxistas e sobretudo anarco-marxistas punk. Em 2015, voltou a atrapalhar o sono das autoridades de São Paulo, organizando novos protestos contra o aumento das tarifas, sofrendo brutal repressão da polícia do Estado! A luta continua! (LÖWY e BESANCENOT, 2016, p. 12)

Da perspectiva desta pesquisa, nota-se uma confusão na afirmação dos autores, pois entende-se que junho de 2013, sobretudo a atuação do MPL, não foi uma síntese entre o marxismo e o anarquismo, mas sim a emergência do autonomismo. Os dois autores esquecem de um fator central: o discurso democrático, estimulado pelo Estado de direito no contexto do neoliberalismo. Contudo, ao colocar junho como exemplo, não pelo campo da revolta, mas pela unidade pluralista dos diversos movimentos, o projeto apresentado pelos autores abre o campo do *marxismo democrático*, em que todos devem ter lugar para se expressar. Tanto o autonomismo contemporâneo no Brasil quanto esse *marxismo democrático* atendem à racionalidade neoliberal, que incita a participação e estimula processos de democratização tanto do Estado como da sociedade, e pelo mesmo viés da teoria do partido da revolução: atuar por dentro do parlamento e como conspiratório diretor de consciência.

Com a racionalidade neoliberal, a assimilação das práticas e termos anarquistas enquanto *palavras-chave* se torna explícita. No caso das empresas, apropria-se das noções oriundas das lutas operárias anticapitalistas como autogestão e horizontalidade, que passam por um abrandamento provocado pela assimilação do capital humano inovador, para serem aplicadas enquanto *gestão compartilhada*, servindo à manutenção das relações entre patrões e empregados, próprias do capitalismo. Reformam-se as estruturas, dando-lhes uma nova plástica, pretendendo pacificar as contestações. Nessa lógica, não há motivos para o trabalhador se insurgir contra o patrão, afinal de contas, ele passou a ser parte da empresa.

Esse contexto é permeado por variadas séries de assimilações. A crítica à representação feita pelos anarquistas é assimilada também por movimentos contemporâneos, como a Bancada Ativista, que pretende oferecer uma medida para a necessidade de oxigenar a democracia. Abolir os partidos? Implodir a lógica representativa? "Não!". A busca incide sobretudo em reformas e mais reformas, desenvolvendo um pastiche entre movimentos de contestação e a tradicional forma partidária. Tudo em nome de salvar a ameaçada democracia.

Mapa de um enfrentamento
Entre anarquismos e democracia

> Demasiadamente covardes
> para arriscar a própria vida,
> negam aqueles que tem essa coragem
> EMILE HENRY DIANTE DO
> TRIBUNAL, EM 1894

> Malditas elecciones decimos,
> Se la voz rebelde se domesticó.
> Malditas elecciones, decimos,
> Quieren el gobierno,
> Y nosotros no
> CHICO SÁNCHEZ FERLOSIO[1]

Os anarquistas alertam há tempos sobre os limites da democracia, seja sob a forma parlamentar ou sob modelos alternativos. Sobre o primeiro, talvez a crítica mais certeira entre os anarquistas tenha sido feita pelo italiano Errico Malatesta:[2]

Não somos a favor da democracia, entre outras razões porque, cedo ou tarde, ela conduz à guerra e à ditadura; também não somos pela ditadura, entre outras razões porque a ditadura faz desejar a democracia, provoca seu retorno e tende assim a perpetuar esta oscilação da sociedade humana entre uma franca e brutal tirania e uma pretensa liberdade, falsa e mentirosa. [...] Assim, desejar realmente o 'governo do povo' no sentido que cada um possa fazer valer sua própria vontade, suas próprias ideias, suas próprias necessidades, é fazer com que ninguém, maioria ou minoria, possa dominar

---

1. Chicho Sánchez Ferlosio, cantor e compositor anarquista nascido em Madri, na Espanha. Compôs músicas importantes na luta antifascista, como "Gallo rojo, gallo negro", mas que foram lançadas de maneira anônima para escapar da perseguição da ditadura de Francisco Franco.
2. Cf. MALATESTA, "Democracia e anarquismo". Mídia coletiva. Disponível online.

os outros; dito de outra forma, é querer necessariamente a abolição do governo, isto é, de toda organização coercitiva, para substituí-la pela livre organização daqueles que têm interesses e objetivos comuns.

As críticas de Malatesta se limitam à democracia representativa, talvez pelo fato de terem sido elaboradas na segunda década do século XX, quando as propostas democráticas alternativas não tinham tanto espaço no debate político como têm hoje. Uma atualização do pensamento anarquista sobre o tema reaparece com força nesta década com a publicação, na Espanha, do livro *Contra la democracia*, assinado pelo Grupo de Anarquistas Coordenados (2013).

Todavia, antes de passar ao livro, é necessário comentar sobre o GAC. Formado em 2012, tem por objetivo criar um espaço para dotar de maior força e impacto social as ações realizadas nas ruas. No comunicado[3] lançado em 17 de setembro de 2012, afirmam que a organização e a coordenação que propõem não deve ser confundido com burocracia nem com o trabalho por uma organização separada, específica, pois têm como foco a potencialização do movimento anarquista e não o próprio GAC. Ainda que se mantenham anônimos, ações da polícia espanhola levaram dezenas de pessoas presas acusadas de participar do grupo[4], que atualmente é considerado uma organização terrorista.

A criminalização de pessoas acusadas de participar do grupo resultou em cinco operações do Estado espanhol: Operação Columna, Operação Pandora, Operação Piñata, Operação Pandora II e Operação Ice. A primeira ocorreu em 13 de novembro de 2013, quando cinco anarquistas foram presos acusados de implantar uma bomba na Basílica de Pilar, em Zaragoza. Dos presos, três foram colocados em liberdade condicional e dois, Mónica Caballero e Francisco Solar, foram mantidos presos.[5] Em 16 de dezembro de 2014, a Ope-

---

3. Cf. GRUPO DE ANARQUISTAS COORDINADOS. Portal alasbarricadas, 17/06/2016. Disponível online.
4. Cf. o site online 15mpedia.org.
5. Mónica e Francisco foram condenados e, após cumprirem quatro anos de prisão, acabaram expulsos do país e enviados de volta ao território chileno. Lá, já haviam sido alvo de perseguição do Estado em 2010, quando foram detidos sob a acusação de associação terrorista no infame Caso Bombas, uma montagem policial dirigida

ração Pandora é realizada pela polícia, tendo como alvos casas e centros sociais anarquistas em Barcelona e Madri, levando à prisão 11 pessoas acusadas de pertencerem a uma organização terrorista. Delas, quatro foram soltas e sete foram mantidas um mês e meio na prisão. Em seguida, durante a Operação Piñata, levada a cabo em 30 de março de 2015, a polícia realiza mais uma busca em casas e centros sociais anarquistas nas cidades de Madri, Barcelona, Valência e Granada e detém 15 pessoas, além de mais 24 acusadas de "usurpação" e "resistência". De todos os detidos, cinco são mantidos em prisão preventiva sob a acusação de terrorismo. Em seguida, as Operações Pandora II e Ice resultaram em novas prisões. Na primeira, nove pessoas foram detidas, sendo que oito foram liberadas e uma cumpriu pena por três semanas e teve de pagar fiança, e, na segunda, seis pessoas foram detidas e duas acabaram encarceradas[6].

Em todas as operações, a principal acusação é que os envolvidos teriam participado de ações consideradas como atentados terroristas realizados pelo GAC. A imprensa espanhola passou a vincular os responsáveis pelos atentados investigados pela polícia a outros, realizados em 2012. Dentre eles estão uma cafeteira carregada de pólvora, porcas e parafusos, que explodiu em uma agência bancária de Barcelona; um vibrador explosivo enviado ao bispo de Pamplona e outro ao diretor do colégio religioso Highlands, em Madri; e uma bomba explodida na Basílica de Pilar, na cidade espanhola de Zaragoza[7].

O livro *Contra la democracia* (2013) foi lançado pelo GAC e contém análises acerca dos regimes democráticos em diferentes momentos históricos. A publicação foi considerada *perigosa* e serviu como prova para que os acusados de pertencerem ao grupo (pe-

---

pelo promotor Alejandro Peña e Rodrigo Hinzpeter, na época Ministro do Interior. O absurdo do processo era tamanho que todas as mais de 10 pessoas acusadas foram absolvidas. Em julho de 2020, Mónica e Francisco voltaram a ser presos sob a acusação de ataques à bomba em Santiago durante a insurreição de outubro de 2019. Ambos seguem de cabeça erguida, lutando dentro da prisão por sua liberdade e dos demais companheiros anarquistas presos pelo planeta. Mais informações em: *https://noticiasanarquistas.noblogs.org*.
6. Cf. "Sobre los grupos anarquistas coordenados". Disponível online.
7. Cf. PÉREZ, "GAC: las siglas del anarquismo que ha querido sembrar el terror en España". ABC Aragón, 30/1/2015. Disponível online.

las operações policiais mencionadas anteriormente) continuassem presos[8]. No livro, o GAC afirma que a *democracia* se baseia, em princípio, em uma maneira coletiva de decisão, de eleição de governantes e de regulação da sociedade, o que não tem nada de novo. Nessa perspectiva, o que se considera como a renovação da política é apenas uma repaginação dos antigos sistemas políticos e um redimensionamento da autoridade.

Desde tempos pré-históricos aparecem conselhos, reuniões locais e assembleias nas tribos humanas para decidir o que diga respeito ao conjunto de seus componentes. Inclusive nas épocas mais arcaicas da monarquia, o rei não podia tomar decisões alegremente sem, como mínimo, consultá-las com algum tipo de conselho (fosse militar, de abios, de chefes familiares ou de clãs, etc.) e sempre devia respeitar uma tradição. O que muda de algumas formas de decidir para outras, ademais da nada insignificante aparição e progressiva institucionalização da Autoridade, é o grau de sistematização e organização da dita autoridade. (GAC, 2013, p. 10)

Vale lembrar que a busca por *mais democracia* tem se infiltrado em todos os campos da sociedade, seja como forma de oposição ao modelo político atual quanto de criação de alternativas que se contraponham a ele. Um dos casos em que isso se manifesta é o chamado 15-M, surgido na Espanha em 2011 no bojo dos movimentos *antiglobalização* ou *altermundialista* a partir das ocupações das praças com a proposta de levar a cabo a plataforma cidadã de democracia real. "Para entender sua crítica, devemos reconhecer que a representação não é, de fato, um veículo da democracia, mas sim um obstáculo para a sua realização" (HARDT E NEGRI, 2016, p. 40). Contudo, é criticada apenas a distância que haveria entre os políticos e os movimentos, na tentativa de aproximá-los. A *democracia* aparece, então, tal e qual o velho lema liberal, como um valor inquestionável, que possui suas falhas, mas deve ser sempre aprimorado. No caso dos movimentos Occupy, sobretudo o 15-M espanhol, de acordo com o GAC (2013),

---

8. Cf. CUADRADO, "Si tienes estos livros puedes ir a la cárcel". Vice, 19/1/2015. Disponível online.

pedem reformas eleitorais que beneficiem os pequenos partidos políticos e propõem espantalhos sociais como a 'democracia eletrônica' ou 'ciberdemocracia', segundo a qual o cidadão estaria permanentemente em contato, graças às redes sociais, com a política, tornando mais fácil sua participação nas instituições (e, portanto, o poder político estaria permanentemente em contato com cada cidadão). Os problemas sociais encontrariam solução em um maior controle social telemático através de propostas de cidades 'inteligentes' (smartcities, em seu termo de marketing) totalmente videovigiadas e com alternativas energéticas nas mãos das empresas privadas inovadoras; na aceitação da lei como moral e ética pessoal através da propagação do 'cidadanismo' como ideologia; uma 'democratização' da polícia que evitaria abusos físicos e garantiria a aplicação efetiva da lei; e a pacificação total dos conflitos através da mediação e delegação em um corpo de profissionais dos serviços sociais. (GAC, 2013, p. 68)

A análise apresentada nos faz questionar essa assimilação do discurso democrático pelos autonomistas, como já mostrado anteriormente em relação aos movimentos Occupy pelo mundo e, no caso de São Paulo, o Ocupa Sampa, que lutava para *democratizar a democracia*. O discurso *apartidário* desses movimentos abre a possibilidade do surgimento de duas correntes internas: alguns que defendem irredutivelmente a não participação em partidos políticos e outros que acreditam ser possível e necessária sua integração. Quatro anos depois das ocupações de 2011, um artigo[9] escrito por Guillem Martinez (2015) para o El País com a compilação de posicionamentos de integrantes do 15-M espanhol levanta a questão: é hora de as ocupações de praças darem um passo à participação institucional, à composição de partidos? Sobre essa questão, responde um deles:

É um passo lógico, necessário, ainda que nem tudo se acaba nas eleições. Primeiro tomamos as praças, agora é preciso retomar as instituições, para democratizá-las e colocá-las a serviço do bem comum. Em breve teremos de avançar, dentro e fora das instituições, para exercer a democracia real e a soberania. [...] pela primeira vez em décadas, a gente está sendo pro-

---

9. Cf. MARTINEZ, G. "Quatro anos de 15M: é hora de partido?". IHUNISINOS, *El País*, 15/05/2015. Disponível online.

tagonista, e porque, pela primeira vez, as eleições não têm um resultado previsível. (*El País*, 15 de maio 2015)

E assim ocorreu. Durante as eleições gerais na Espanha, em 2014, foi formado o partido de esquerda intitulado Podemos, que pegou carona nas mobilizações de rua, assimilando o discurso da democracia participativa do 15-M. Inclusive, como mostra o artigo de Elsa García de Blas e J. Jiménez Gálvez, publicado em 15 de maio de 2015 no *El País*[10], foi para essa organização que uma parcela dos participantes do 15-M migrou. O campo da representação permanece intacto, com a diferença de que as decisões são tomadas em Assembleias Cidadãs. Elegem-se os *verdadeiros* conhecedores dos anseios populares, diretamente ligados à *sociedade civil*. É a atualização do que Volteirine de Cleyre (2015) e José Oiticica (2016) chamaram de *ação indireta, por procuração*, que estimula as pessoas a obedecerem e confiarem em outra pessoa para fazer o que elas deveriam fazer por si próprias.

Aqueles que se recusam a entrar no jogo democrático, que atacam a soberania e a sociedade, são considerados terroristas, criminosos. Assim como os acusados de pertencerem ao Grupo de Anarquistas Coordinados (GAC) são considerados terroristas pelo Estado espanhol, no Brasil os anarquistas também vêm sendo alvo de golpes e montagens policiais.

Na noite de 7 de outubro de 2013, uma viatura da Polícia Civil foi depredada no centro de São Paulo e duas pessoas foram presas na esquina das Avenidas Ipiranga e São João, e enquadradas na Lei de Segurança Nacional[11]. Dois dias depois, o Departamento Estadual de Investigações Criminais (DEIC) instaurou o inquérito 01/2013, vulgarmente chamado de *inquérito black bloc* para investigar, processar e criminalizar as pessoas que praticaram o *bloco negro* com ações de enfrentamento com a polícia e depredação de viaturas, bancos, lojas e prédios do Estado. O então diretor do DEIC afirmou na

---

10. Cf. BLAS e GÁLVEZ, "Os 'indignados' da Espanha avaliam seu legado quatro anos depois". *El País*, 15/5/2015. Disponível online.
11. Cf. "Casal preso em SP é enquadrado na Lei de Segurança Nacional". *O Estado de S. Paulo*, 08/10/2013. Disponível online.

época: "A intenção é descobrir quem eles são, de onde vêm. Eles são uma organização criminosa? Sim. E nossa função é provar isso".

O inquérito ouviu mais de 300 pessoas e reuniu boletins de ocorrência de pessoas detidas durante as manifestações de 2013. A novidade era a tentativa de realizar uma montagem policial e enquadrar grupos de pessoas pelo *crime* de associação criminosa, ao invés de investigar cada caso de depredação, conforme havia sendo feito até então. Em setembro de 2015 o inquérito foi encerrado sem conseguir realizar nenhuma acusação formal contra os investigados. O delegado Antônio Carlos Heib, responsável pela investigação, disse "não houve indiciamento até para não se cometer nenhuma injustiça" [12].

Com o passar do tempo, o Estado brasileiro foi criando uma *expertise* na repressão às *ações diretas* consideradas violentas. No caso da Copa do Mundo, por exemplo, o Brasil não apenas gastou R$2 bilhões na compra de armamentos, mas também se articulou a partir da importação de técnicas de repressão "mais cirúrgicas" vindas de outros países, como é o caso do Caldeirão de Hamburgo. Foi utilizado pela primeira vez em São Paulo durante um ato contra a Copa, em 22 de fevereiro de 2014. O ato, que teve como mote a campanha "Não vai Ter Copa", seguia pelas ruas do centro de São Paulo, quando foi atacado pela polícia nas esquinas da rua Xavier de Toledo com a rua Sete de Abril. Nesse momento, os manifestantes foram surpreendidos pela operação sorrateira e inédita. O batalhão cortou a manifestação ao meio, cercando 262 pessoas e impossibilitando-as de deixar o local, enquanto tentava dispersar o restante das pessoas presentes. Aquelas que ficaram sequestradas no centro do Caldeirão foram agredidas com chutes, cacetadas, spray de pimenta e, posteriormente, fichadas na delegacia sob o argumento de que elas iriam promover a *desordem pública e atos de vandalismo*[13]. A técnica foi utilizada para isolar o *bloco negro* do restante da manifestação. Os policiais que realizaram essa opera-

---

12. As duas citações, a do diretor do DEIC e do delegado Heib, foram retiradas da reportagem "Principal investigação sobre black blocs termina sem acusar ninguém". *Folha de S. Paulo*, 25/01/2016. Disponível online.
13. Cf. "Dossiê Copa pra quem?" Comitê Popular da Copa de São Paulo. Disponível online.

ção faziam parte de um novo agrupamento, que ficou conhecido como Tropa do Braço: um batalhão de soldados treinados em artes marciais para lidar com os manifestantes. Desde então, a presença dessa nova Tropa e o uso do Caldeirão de Hamburgo se tornaram recorrentes nas mobilizações de rua na capital paulista.

Durante as Olimpíadas, na noite de 5 de agosto de 2016, uma manifestação contra os Jogos Olímpicos foi chamada para o vão livre do MASP. A Polícia Militar cercou o local e tentou impedir que o ato acontecesse, mas as pessoas presentes furaram o bloqueio e conseguiram escapar em caminhada pela avenida Paulista, descendo a rua Augusta. Na altura da rua Antônio Carlos, a PM atacou a manifestação, reativando a tática do Caldeirão de Hamburgo. Um grupo com cerca de 60 pessoas foi cercado e revistado. Vinte policiais torturaram as pessoas sentadas no chão com jatos de spray de pimenta, chutes e socos, o que levou um dos manifestantes que estavam cercados a desmaiar. Um jovem se revoltou, levantou e foi apagado por um policial com um "mata leão". Na noite em questão, conforme a versão oficial divulgada na imprensa[14], 35 pessoas foram detidas na 78ª delegacia de polícia, mas relatos de pessoas ouvidas durante esta pesquisa apontam para mais de cem detidos.

No Rio de Janeiro, 23 militantes foram presos em 12 de julho de 2014, na véspera da final da Copa do Mundo de Futebol da FIFA, que ocorreu no Maracanã, na capital fluminense. Dentre eles estavam anarquistas, autonomistas e comunistas, integrantes da Frente Independente Popular (FIP-RJ), acusados de crimes como "porte de artefato explosivo", "formação de quadrilha" e "corrupção de menores". O chefe da Polícia Civil, Fernando Veloso, em entrevista ao portal G1 logo após as prisões, afirmou como justificativa para a prisão que "essa quadrilha pretendia praticar atos violentos se não hoje, amanhã [domingo]"[15]. A matéria do G1 também traz a seguinte acusação feita pela delegada Renata Araújo, da Delegacia de Repressão à Crimes de Informática: "Eles planejavam ataques e se

---

14. Cf. "PM reprime ato contra olimpíadas na região central de São Paulo". G1, 05/08/2019. Disponível online.
15. Cf. "Sininho e outros ativistas presos planejavam ataques no Rio, diz polícia". G1, 12/07/2014. Disponível online.

aproveitavam de problemas reais para fazer manifestações onde usavam artefatos para incendiar ônibus, depredar agências bancárias, entre outros".

O processo se estendeu por cerca de quatro anos e a última sentença, assinada pelo Juiz Flávio Itabaiana, em 17 de julho de 2018, estipulou penas que vão de 5 a 13 anos de prisão em regime fechado. Nela, o juiz utiliza como argumento para a aplicação da pena que os presos possuem uma "conduta social reprovável" e "uma personalidade distorcida, voltada ao desrespeito aos Poderes constituídos, o que, no tocante ao Executivo, pode ser constatado, por exemplo, pelo enfrentamento aos policiais militares nas passeatas". Uma das partes do documento menciona que o enquadramento no crime de corrupção de menores se deu pela acusação de que os presos incitavam os adolescentes a colaborar com a implantação "do caos social e levar terror à sociedade".

Cabe ressaltar que as acusações foram feitas sobretudo com base no depoimento de um delator, Felipe Braz Araújo. Camila Jourdan, uma das militantes acusadas, situa que o informante assume um papel de "contraprova definitiva de que o Estado trata todo cidadão como virtual inimigo, e imprime a paranoia entre os iguais para manter sua dominância sobre a vida e conduta de todos" (JOURDAN, 2018, p. 66). Com esse artifício de infiltração, o Estado tenta instaurar o pânico generalizado por meio de um ataque duplo: de um lado, cria-se uma paranoia e uma desconfiança entre os militantes, que tem por função impedir certas práticas enquadradas na categoria *crime*, pois se instaura a sensação de que o companheiro ao seu lado pode, na verdade, ser um policial à paisana. Além disso, abre-se a brecha para que todo e qualquer um possa ser acusado de ter cometido uma *ação ilegal*, seja por uma fala em uma assembleia, um comentário feito em um pequeno grupo de pessoas, independentemente da materialidade das provas, como no caso do inquérito em questão, no qual a palavra do *alcaguete* comprova a interpretação das escutas telefônicas e vice-versa, configurando o chamado *conjunto probatório* (JOURDAN, 2018).

Mais recentemente, em outubro de 2017, na cidade de Porto Alegre (RS), a Polícia Civil levou a cabo a Operação Érebo para investigar a suspeita de que um grupo de anarquistas estava envolvido em mais de vinte casos de ataque com pedras e coquetéis *molotov* atirados contra delegacias, viaturas, bancos e sedes de partidos políticos[16], como foi o caso do ataque incendiário a uma viatura na 1ª Delegacia de Polícia de Porto Alegre, e outro atentado contra a mesma delegacia. A Secretaria de Segurança Pública do Rio Grande do Sul (SSP-RS) publicou, no dia 25 de outubro de 2017, quando começaram as investigações, um texto em que dizia:

O chefe de Polícia, delegado Emerson Wendt, ressaltou a importância da ação realizada nesta manhã, em razão que o grupo criminoso atacava instituições como a Polícia Civil, Brigada Militar e a própria Secretaria de Segurança Pública. 'Em um dos livros apreendidos na operação, os suspeitos relatavam incêndios a viaturas policiais, demonstrando o menosprezo e desrespeito ao próprio Estado', relatou Wendt. (SSP-RS, 2017)[17].

Os mandatos de busca e apreensão que foram expedidos levaram os policiais a invadirem a antiga sede da Federação Anarquista Gaúcha (FAG), da Ocupação Pandorga e da sede do Coletivo Parrhesia[18]. O argumento utilizado como prova foi similar ao apresentado pela polícia espanhola para vincular as pessoas detidas ao GAC por portarem o livro *Contra la democracia* (2013). No caso de Porto Alegre, uma das *provas* foi a posse do livro *Cronologia maldita* (2016)[19], da Biblioteca Kaos, em que são narrados casos de incêndios a bancos, enfrentamentos com a polícia, ataques a igrejas e sedes de partidos. Como diz o texto de autoria anônima,

Ao realizar esta cronologia, nossa intenção é ressaltar que a confrontação (anárquica e anarquista) não está ausente neste território, mas muitas vezes é escondida e/ou transformada pela mídia, talvez como estratégia do poder para tentar evitar a propagação da revolta. Esta é uma tentativa de contribuir

---

16. Cf. "Polícia suspeita que grupo extremista tenha causado mais de 20 ataques em Porto Alegre". G1, 29/10/2017. Disponível online.
17. Cf. "Operação Érebo combate associação criminosa que praticava atentado com explosivos na capital". SSP-RS. Disponível online.
18. Cf. "Sobre pluralismo, tolerância e monitoramentos: em marcha a perseguição aos anarquistas", Nu-Sol, 29 out. 2017. Disponível online.
19. Cf. "Cronología Maldita", no site online porlaanarquia.espivblogs.net.

com a história e a memória antiautoritária. (CRONOLOGIA MALDITA, 2016, p. 5)

É o estimulo ao ataque à democracia e à sociedade. Em um contexto de tentativa de assimilação da radicalidade das práticas anarquistas, o livro ressalta episódios, em parte desconhecidos, mas que afirmam a potência da revolta libertária, que não se propõe a acordos e negociatas.

Não existe demandas nas ações. Nem procura de diálogo. São provocações que reconhecem com altivez fatos que, para a lógica cidadã (e dominante), são crimes. São as memórias proibidas [...] Publicá-las é admitir com dignidade que a anarquia é combate, que sua briga com o estado não terminou nem tem se reformado ou branqueado sua imagem, que o nojo que sente pela Igreja ainda provoca raivosas ofensas a seus monumentos, que nossa indignação é capaz de nos fazer pular frades, correr pelas ruas, acender uma barricada, ou encher as paredes. De cabeça erguida, mantemos e atualizamos, com cada ação, a condena que pende sobre todxs xs que rejeitam o autoritarismo, porque o nosso confronto é total e permanente. (CRONOLOGIA MALDITA, 2016, p. 6)

Tanto nos casos mencionados nesta pesquisa quanto no livro *Cronologia maldita*, nota-se o combate ao princípio da autoridade. Esse combate norteia as *ações diretas*, que se configuram de diferentes maneiras com o passar dos anos. Contudo, concomitantemente a atualização das táticas de *ação direta* e a tentativa do Estado de suprimi-las também se atualiza. Não se pode deixar de mencionar a atuação recorrente dos movimentos institucionais e partidos de esquerda no combate aos anarquistas, agindo concomitantemente e de encontro ao Estado.

Um caso recente foi o da chamada global contra a cúpula do G20 na Argentina, em dezembro de 2018. Frente à cúpula, foi criada uma campanha com os nomes "Fuera G20" e "No al G20"[20], composta por partidos, sindicatos e organizações não governamentais de diferentes partes do planeta. Na véspera do encontro, uma marcha com mais de 50 mil pessoas tomou o centro da cidade de Buenos Aires. Ao contrário dos eventos em Seattle (1999) e Gênova (2001), a ma-

---

20. Cf. noalg20.org.

nifestação não teve nenhum enfrentamento com a polícia argentina. Todavia, a repressão aos anarquistas ocorreu por parte dos sindicatos, que espancaram e expulsaram da manifestação um grupo de anarquistas que fazia pixações em memória de Santiago Maldonado e em solidariedade aos três anarquistas, Anahí Salcedo, Hugo Rodríguez e Marco Viola, presos por dois atentados a bomba dias antes: um no cemitério da Recoleta, contra o túmulo de Ramón Falcón,[21] e outro contra a casa de um juiz, ambos em Buenos Aires.

A partir desses casos, e de tantos outros, nota-se a tentativa de calar toda e qualquer ação que não se submeta ao regramento do Estado democrático de direito. O investimento no armamento policial, na atualização das leis e na aplicação de dispositivos legais foram feitos com o argumento de manter a ordem pública e garantir as regras democráticas, a legalidade. Assim como a separação, fortalecida em junho de 2013, entre os manifestantes chamados de pacíficos, que exerciam seu direito democrático e legal de liberdade de expressão e manifestação, e os considerados vândalos, violentos e criminosos, que deveriam ser esmagados pois não respeitavam as regras da democracia. O discurso da defesa da democracia e das instituições que atravessa a esquerda e a direita é inseparável do clamor por mais segurança, mais polícia, mais investigação. Foi e continua sendo responsável pela perseguição e criminalização dos 23 militantes do Rio de Janeiro; do inquérito aberto em São Paulo, chamado ardilosamente de inquérito *black bloc*, que possibilitou que a polícia realizasse conduções coercitivas para que as pessoas fossem obrigadas a prestar depoimento no DEIC; ou no caso mais recente da operação Érebo, no sul do país.

---

21. Ramón Falcón (1855–1909) militar e chefe da polícia de Buenos Aires, coordenou a repressão aos movimentos operários na capital argentina no início do século XX. Foi o mandante do massacre ocorrido durante a chamada Semana Roja, quando, em 1º de maio de 1909, ao menos 11 militantes anarquistas da Federación Obrera Regional Argentina foram assassinadas pelas tropas policiais em uma manifestação e mais de 100 pessoas ficaram feridas. Foi morto em 14 de novembro de 1909 por uma bomba caseira lançada por Simón Radowitzky, um jovem anarquista ucraniano de 17 anos.

Pixações em solidariedade a Anahí Salcedo feitas durante o ato contra a cúpula do G20, em Buenos Aires.
Fonte: Acervo Pessoal.

OS ANARQUISTAS FRENTE AO TEATRO DOS TRIBUNAIS

Montbrison, França, 1892: Ravachol (1859-1892), em seu julgamento ocorrido por conta de suas *ações diretas* consideradas violentas, toma a palavra, não para realizar uma defesa das acusações, mas para afirmar que não as reconhece, para explicitar o teatro que é o tribunal. Sabendo que seria condenado à pena de morte, se dirige ao juiz e lê um texto de próprio punho, mesmo tendo sido interrompido inúmeras vezes pelos policiais.

Vocês, senhores juízes, que sem dúvida vão me condenar à pena de morte, porque acreditam que é uma necessidade e que meu desaparecimento será uma satisfação para vocês que têm horror em ver correr o sangue humano, mas que quando acreditam que será útil derramá-lo para garantir a segurança da vossa existência, não duvidarão mais do que eu em fazê-lo, com a diferença que vocês o fazem sem correr nenhum risco, enquanto que eu agi colocando em risco e perigo minha liberdade e minha vida. (RAVACHOL, 1892)

Em sua fala, ressalta que a violência está espalhada pela sociedade e é praticada inclusive pelo próprio tribunal. Todavia, pontua um aspecto basilar que o diferenciava completamente dos juízes: estes se escondem covardemente por debaixo da toga e, sem correr nenhum risco, decretam a morte ou a prisão de alguém que é acusado. E assim foi feito. Sob o argumento de combater a violência política incorporada na figura dos anarquistas, em 11 de julho de 1892 o Estado francês lançou mão da guilhotina, com a qual os carrascos assassinaram Ravachol, cortando sua cabeça e fazendo seu sangue escorrer.

Paris, França, 1894: Emile Henry (1872-1894) é acusado de explodir uma bomba em 8 de novembro de 1892 na delegacia na Rue des Bons Enfants, e em 12 de fevereiro de 1894, no luxuoso Café Terminus, na Gare St Lazare, em Paris, na capital francesa, frente ao silêncio após o assassinato de Auguste Vaillant, Ravachol e outros anarquistas pelo Estado francês. Após ser levado ao tribunal, é interpelado pelo juiz, que afirma serem visíveis as marcas de sangue nas mãos do anarquista, que responde de pronto, "as minhas mãos estão cobertas de sangue, tal como sua toga! De resto, não tenho que lhe responder. Não reconheço a tua justiça; estou contente com o que fiz!... Ninguém é inocente!"[22]. E completa:

Vocês podem ter enforcado em Chicago, decapitado na Alemanha, garrotado em Jerez, fuzilado em Barcelona, guilhotinado em Montbrison e Paris, mas nunca conseguirão acabar com o anarquismo. Suas raízes são demasiadamente profundas, ele nasceu no colo de uma sociedade que está apodrecendo e se desintegrando. Representa todas as aspirações libertárias e igualitárias que se levantam contra a autoridade. Está em toda a parte, o que faz com que seja impossível controlá-lo. Acabará por matá-los a todos. (HENRY, 1894)

Emile Henry escandalizou o absurdo dos tribunais ao afirmar em seu julgamento que o veredito de qualquer outro não tinha nenhuma importância para ele. Não se tratava de se declarar culpado ou inocente. A farsa do tribunal só se sustenta quando todos acreditam nela, quando todos aderem à sua linguagem jurídico-política.

Rio de Janeiro, Brasil, 2014: no primeiro dia do julgamento dos 23 no Rio de Janeiro, ocorrido em dezembro, o teatro do tribunal estava montado mais uma vez. As armas apontadas por policiais para o rosto dos militantes no dia de sua prisão foram substituídas por câmeras de jornalistas de redes de televisão, ávidos por registrar a mais simples expressão facial que fosse demonstrada pelos acusados. Como bem descreve Jourdan (2018), uma das 23 pessoas processadas, a audiência é iniciada e os militantes erguem o braço com o punho cerrado. O juiz responsável pelo caso responde, de maneira irritadiça: "Aqui quem manda sou eu, aqui não tem punhos cerrados não, aqui não é a rua!". Tensão no ar. Policiais se alternam nas falas acusatórias aos 23, lançando mão do depoimento do delator Felipe Braz como prova. Enquanto uma delegada afirma que os militantes se dividiam em várias funções e uma delas era a de jogar molotovs de dentro de veículos em movimento, uma gargalhada corrosiva rasga o ar, incomodando o juiz e os policiais ali presentes. Em seguida, outro policial toma a palavra e reclama do fato dos militantes acusados terem ido à imprensa explicitar que o anarquista

---

22. PASSETTI e AUGUSTO. Aula-teatro "estamos todos presos". Em: VERVE n. 15, 2009. Disponível online.

Mikhail Bakunin chegou a ser considerado suspeito pelos policiais. Detalhe: Bakunin nasceu em 1814 e morreu em 1876. Mais uma vez, uma gargalhada rompe o silêncio da sala.

Atenção: o que atravessa os séculos, da Paris de 1890 a Porto Alegre, São Paulo e Rio de Janeiro dos anos 2010 não é o uso ou não da violência por parte dos anarquistas. Não se trata aqui de aproximar as explosões feitas pelo anarquismo *ilegalista* francês das mobilizações ocorridas no Brasil a partir de 2013. Entre estas, pouca coisa ou nada há em comum. Se trata, sim, de entender como o funcionamento do tribunal, apesar de suas reconfigurações formais, da criação de novas legislações, de novas tropas, de novos decretos e outros documentos, reinscreve o enfrentamento das forças e mantém a tentativa de aniquilar os anarquismos.

Os tempos mudam, com o passar dos séculos os Estados se democratizam e na contemporaneidade, com a racionalidade neoliberal, exige-se cada vez mais *participação*. Contudo, os alvos ainda são os mesmos: aqueles que combatem à racionalidade política, estejam eles vivos com sua revolta nas ruas ou até mesmo Mikhail Bakunin, que, mesmo morto, foi considerado suspeito, explicitando o embuste das montagens policiais nas recorrentes tentativas de encarcerar os anarquismos. Ainda assim, seja com bombas ou com o riso escrachado, a indocilidade dos anarquistas é um paralelepípedo na sola do sapato dos juízes, dos policiais, dos líderes, dos pastores, dos homens de Estado. Essa tentativa é inerente aos Estados, tenham eles um caráter democrático ou ditatorial. E o enfrentamento dos libertários não se limita a denunciá-los ou solicitar o que seria um julgamento justo. Frente a isso, os anarquistas, de diferentes maneiras, escandalizam o tribunal, entendendo-o não como o local no qual se encerra a luta, mas um espaço em que ela continua a ocorrer. Retirar a seriedade do inimigo, expor o seu absurdo risível, é retirar-lhe toda a centralidade necessária para que o tribunal se perpetue.

É PAU, É PEDRA, É FOGO. É CINZA?

Passados dez anos das Jornadas de Junho de 2013, uma análise apressada pode induzir o leitor ao entendimento de que a questão central de Junho foi o repúdio ao uso da violência. Contudo, após a conclusão desta pesquisa entende-se que não se trata da rejeição à violência, mas sim da tentativa de regular quem pode ou não utilizá-la. Em Junho, a divisão entre os manifestantes considerados legítimos *versus* os ilegítimos, os legais e democráticos *versus* os ilegais e violentos, emergiu a partir dos discursos dos veículos de comunicação, da polícia e dos então prefeito Fernando Haddad (PT) e governador Geraldo Alckmin (PSDB). Apesar de ser uma discussão que remete às mobilizações das décadas passadas, sobretudo aos movimentos antiglobalização do final de 1990, e à própria constituição programática dos partidos políticos de esquerda, durante o primeiro momento das Jornadas de Junho de 2013 a discussão acerca das táticas de ação consideradas violentas e de enfrentamento direito contra as forças policiais se manteve relativamente em segundo plano. Com a adesão em massa, se tornou o foco central nos gritos de "sem vandalismo" e "sem violência".

Analistas políticos, líderes partidários, jornalistas, sociólogos, filósofos e polítologos, ávidos por serem os juízes da história, não se privaram de encadear, numa relação de causa e efeito, o fogo de Junho com a recente ascensão da extrema-direita no Brasil. Tal encadeamento acaba por colocar a culpa do fortalecimento do aparato policial em uma revolta popular e não levar em conta os vários acordos feitos por cima entre os partidos de esquerda e de direita, as coalizões, as negociatas; é abstrair o papel histórico da imprensa de criminalizar todo e qualquer movimento que escape ao seu governo. Assim como mostra o terceiro momento desta pesquisa, simultaneamente à criminalização houve um processo de assimilação das práticas radicais, transformando-as em políticas de governo com o objetivo de pacificar o enfrentamento ao exercício da soberania. Termos como autogestão são abrandados e aplicados em programas como *gestão compartilhada* por empresas que buscam maior *lucro* com o envolvimento de seus *colaboradores*, atualizando-se no jogo da concorrência empreendedora neoliberal. As noções de autonomia e horizontalidade, que para os anarquistas se referem à abolição de lideranças e à livre associação, são assimiladas como termos por partidos políticos e até mesmo pelo apartidarismo autonomista, e efetivadas como maneira de redimensionar a centralidade com a multiplicação de lideranças, em *lideranças coletivas*.

O que se apresentou como *antipolítica* em Junho foi assimilado como a necessidade de democratização da própria democracia ou então categorizado como a brecha para o crescimento de práticas fascistas pelo país. Além disso, tenta-se apagar as lutas autônomas que ocorreram, como o chamado Setembro Negro, de 2013, quando foram feitas manifestações de anarquistas e autonomistas em algumas cidades. Em São Paulo, por exemplo, um enorme *bloco negro* se formou e saiu em caminhada durante o dia de 7 de setembro, e após ser atacado pela polícia na altura da Câmara Municipal, resistiu por mais de uma hora pelas ruas do Centro; assim foi também no Rio de Janeiro, quando anarquistas e autonomistas saíram em um ato para explicitar a violência que é a própria existência do exército e das polícias, tenham elas os nomes que forem, de "pacificadoras" a militares, de polícia cidadã a polícia sindical.

É apagar um acontecimento que ficou cravado no histórico de lutas da cidade, quando, na noite de 28 de abril de 2017, um ato contra a reforma da previdência e a reforma trabalhista saiu do largo da Batata com destino ao bairro de Alto de Pinheiros, local onde o então presidente da República Michel Temer (MDB) possui uma casa. Sobre o caminhão de som, uma das lideranças das centrais sindicais afirmou que não poderiam se aproximar da casa do então presidente pois não havia espaço para *seu caminhão* entrar na rua. Mesmo assim, um *bloco negro* se formou e avançou pelas ruas próximas, depredando bancos e resistindo ao ataque da polícia. No caminho, um restaurante grã-fino de nome Senzala foi destruído por uma chuva de pedras e paus sob os gritos de "senzala nunca mais"[23], enquanto seus clientes se escondiam no banheiro ou saíam

---

23. Cf. "Black Blocs depredam restaurante em São Paulo". *Folha de S. Paulo*, 28/04/2017. Disponível online.

correndo, assustados. O ataque ao Senzala não foi por acaso: seu nome é uma referência explícita ao alojamento onde eram destinados os negros escravizados, sequestrados em diferentes regiões do continente africano e trazidos à força ao Brasil para realizar trabalhos forçados. É um exemplo da ferida aberta do racismo brasileiro e a sua depredação não é um caso isolado: não se tratou somente de quebrar um estabelecimento comercial da *high-society* paulistana, mas de atacar frontalmente séculos de racismo, estupros, torturas, sevícias e escravidão.

É apagar também a luta dos atingidos durante a preparação da Copa do Mundo em 2014, com as remoções, aumento das expulsões dos moradores de rua das regiões elitizadas. É apagar também as chamas que fizeram arder três ministérios em Brasília, incendiados por anarquistas em 24 de maio de 2017, durante uma grande manifestação contra as reformas trabalhista e da Previdência[24]. A atuação dos certos intelectuais, que se esforçam para apagar a potência das lutas, é constante, busca adequar a história à sua programática e assimilar práticas radicais, como a dos anarquistas, edulcorando-as e transformando-as em adereços políticos.

O SANGUE ESCORRE SOBRE UMA COVA FUNDA E A SOCIEDADE APLAUDE

O que salta aos olhos é o fato de que toda a perseguição, as prisões, as mortes, as torturas detectadas nesta pesquisa foram realizadas no âmbito da democracia. É a polícia exercendo o golpe de Estado permanente. O investimento no armamento, na atualização das leis e na aplicação de dispositivos legais foram feitos com o argumento de manter a ordem pública e garantir as regras democráticas e a legalidade. Com a racionalidade neoliberal, a democracia e os direitos humanos estão cada vez mais conectados com a segurança, defendida tanto pelos cidadãos-polícia quanto pelos soldados, armados ou não, oficiais ou milicianos.

---

24. Cf. "Ministérios são incendiados e depredados; governo evacua todos os prédios da Esplanada". UOL, 24/05/2017. Disponível online.

É o clamor por segurança que entope as prisões com os mais de 700 mil presos, obviamente todos presos políticos, incluindo Rafael Braga, uma das únicas pessoas condenadas e presas em 2013[25], mesmo após ter sido provado que o "material explosivo" portado por ele na verdade era uma garrafa de Pinho Sol[26]. É o clamor por segurança que abre alas para as ocupações militares nas favelas cariocas. É o clamor por segurança que alimenta as milícias, como a que executou Marielle Franco em 14 de março de 2018[27]. É o clamor por segurança que matou o jovem de 14 anos[28], executado na Favela da Maré, no Rio de Janeiro, durante uma operação da Polícia Civil, do Exército e das Força Nacional, enquanto ele voltava da escola. É o clamor por segurança que aplaude a tortura e execução a tiros e marteladas de um jovem morador da Favela do Moinho pela "tropa de elite" da polícia paulista[29]. O sangue jorra e escorre sem parar.

Simultâneo a isso, leis são alteradas e decretos são criados para impedir as manifestações de rua, na tentativa de sufocar as revoltas populares, como as ocorridas em Junho e posteriormente, as mobilizações contra a Copa do Mundo e contra as Jogos Olímpicos. Ou quando a favela para por conta de mais um assassinato feito pelas forças de segurança. Assim também foi feito durante o governo de esquerda, que assinou o documento de Garantia da Lei e da Ordem (GLO), criou a Força Nacional, ampliou a política de construção de presídios e compra de armamento.

---

25. Milhares de detenções foram realizadas pela polícia em diferentes cidades durante a jornada de lutas. Todavia, nem todo mundo foi condenado e cumpriu pena de prisão. Além de Rafael Braga, os casos mais conhecidos são o dos companheiros inseridos no chamado "processo dos 23 do Rio de Janeiro", e de duas pessoas acusadas de lançar o rojão que acertou um cinegrafista durante uma manifestação na capital carioca.
26. Cf. "Dez meses após ser solto, Rafael Braga continua doente e proibido de sair de casa". Ponte, 13/07/2018. Disponível online.
27. Cf. "Miliciano suspeito de matar Marielle tinha reuniões com vereador, diz testemunha". Último Segundo IG, 16/01/2019. Disponível online.
28. Cf. "Adolescente de 14 anos é baleado e 6 morrem em operação policial no Rio". *Folha de S. Paulo*, 20/06/2018. Disponível online.
29. Cf. "Justiça de SP arquiva caso de jovem morto pela ROTA na Favela do Moinho". Ponte, 23/08/2018. Disponível online.

No caso da maneira pela qual se lidou com as manifestações na última década no país, não se tratava de acabar com todo e qualquer movimento social. A cova cavada nesse contexto tinha um alvo: as revoltas populares, as vidas consideradas matáveis, os negros, pobres e periféricos, a tática do *bloco negro*, os anarquistas, os grupos e militantes que não aceitavam abaixar a cabeça nem por terem uma ameaça de uma arma apontada e nem pela possibilidade de participar da gestão do Estado.

Tratava-se da separação entre as mobilizações dentro da ordem e aquelas que atacavam a ordem ou que dela escapavam. Contudo, com a vitória da direita na figura do atual presidente da República, abriu-se a possibilidade de que toda e qualquer manifestação seja considerada terrorismo. O aparato policial e a estrutura jurídica foram aperfeiçoadas, ampliadas. A cova cavada para enterrar os insurretos se mostrou grande demais e agora nela cabem também os movimentos e partidos que antes compunham o antigo governo. Para se salvar, alguns vivem assujeitados, governados pelo medo e pela obediência. O fogo anarquista é intermitente e a chama, mesmo que em alguns momentos fique diminuta, continua a arder. Ainda que cavem uma cova para os anarquismos e joguem terra por cima, ele explodirá, inesperadamente, como a lava incandescente de um vulcão, fazendo a terra tremer.

Pixação feita durante o ato contra a cúpula do G20, em Buenos Aires.
Fonte: Acervo Pessoal.

Bibliografia

AI FERRI CORTI:"O confronto inevitável com o existente, seus defensores e seus falsos críticos". Autor desconhecido. Facção Fictícia (2015). Disponível online.

AUGUSTO, Acácio. "Os anarquistas e as prisões: notícias de um embate histórico". In: VERVE – Revista semestral do NU-SOL. PEPG em Ciências Sociais, PUC-SP, n. 9. São Paulo, 2006.

_____. "Política e antipolítica: anarquia contemporânea, revolta e cultura libertária". Tese de doutorado – PUCSP, 2013.

_____. *Revolta e antipolítica em Bakunin* In: VERVE – Revista semestral do NU-SOL. PEPG em Ciências Sociais, PUC-SP, n. 26. São Paulo, 2014.

_____. "Mais além do 'contra o golpe': subsídios para uma analítica do campo de luta". *Revista Ecopolítica*, São Paulo, 2016, n. 15, mai-ago, pp. 56–36.

AUGUSTO, Acácio; ROSA, Pablo Ornelas e RESENDE, Paulo Edgar da Rocha. "Capturas e resistências nas democracias liberais: uma mirada sobre a participação dos jovens nos novíssimos movimentos sociais". *Estudos sociológicos*. Araraquara v. 21 n. 40 p. 21–37 jan.-jun. 2016. Disponível online.

ARANTES, Paulo. *O novo tempo do mundo: e outro estudos sobre a era da emergência*. São Paulo: Boitempo, 2014.

ARMAND, Émile. *El anarquismo individualista*. La Plata: Terramar, 2007.

BAKUNIN, Mikhail. "Carta a Mathilde Reichel". In: *Revolução e liberdade* – Cartas de 1845 a 7875. pp. 63–70. São Paulo: Editora Hedra, 2010

_____. *Dios y el Estado*. Buenos Aires: Terramar, 2008.

_____. "Escritos Contra Marx". In: *Obras seletas 1*. São Paulo: Intermezzo, 2016.

BOOKCHIN, Murray. *Anarquismo social e anarquismo como estilo de vida*. Rio de Janeiro e São Paulo, 2011.

BONANNO, Alfredo. *A tensão anárquica*. Edições Insurrectas, 2019a. Disponível online.

_____. *O prazer armado*. Edições Insurrectas, 2019b. Disponível online.

BUCCI, Eugênio. *A forma bruta dos protestos: das manifestações de junho de 2013 à queda de Dilma Rousseff em 2016*. São Paulo: Companhia das Letras, 2016

CAMUS, Albert. *O Homem revoltado*. Rio de Janeiro: Bestbolso, 2017.

CLEYRE, Voltairine de. *Ação direta*. Desgarra, 2019.

COMITÊ INVISÍVEL. "Aos nossos amigos: crise e insurreição". 2014. Disponível online.

COORDENAÇÃO ANARQUISTA BRASILEIRA(CAB). *Revista Socialismo Libertário* n. 2. Janeiro de 2014. Disponível online.

CRONOLOGIA MALDITA. Autor desconhecido. Biblioteca Kaos. Brasil, 2016.

DUPUIS-DÉRI, Francis. *Black Blocs*. São Paulo: Editora Veneta, 2014.

FOUCAULT, Michel. "Nietzsche, genealogia e a história". In: *Microfísica do Poder*. Rio de Janeiro: Graal, 1992.

_____. É inútil revoltar-se? In: *Ditos e Escritos V – Ética, sexualidade e política*. Rio de Janeiro: Forense Universitária, 2004.

_____. *O nascimento da biopolítica*. São Paulo: Martins Fontes, 2008.

_____. *Segurança, território e população*. São Paulo: Martins Fontes, 2008.

_____. *A coragem da verdade*. São Paulo: WMF Martins Fontes, 2011.

_____. *Os anormais*. São Paulo: WMF Martins Fontes, 2014.

_____. *Do governo dos vivos*. São Paulo: WMF Martins Fontes, 2014.

_____. *Em defesa da sociedade*. São Paulo: WMF Martins Fontes, 2016.

GELDERLOOS, Peter. "Como a não-violência protege o Estado". 2017. Disponível online.

GOLDMAN, Emma. "A Revolução Social é portadora de uma mudança radical de valores". In: *O indivíduo, a sociedade e o Estado, e outros ensaios*. São Paulo: Hedra, 2007.

_____. "Minorias versus maiorias". In: VERVE – Revista semestral do NU-SOL. PEPG em Ciências Sociais, PUC-SP, n. 13, pp. 123-133. São Paulo, 2004.

GORDON, Uri. "Democracia: a tentação patriótica". In: VERVE – Revista semestral do NU-SOL. PEPG em Ciências Sociais, PUC-SP, n. 31, pp. 130-140. São Paulo, 2017.

GROS, Frédéric. *Desobedecer*. São Paulo: Ubu, 2018.

GRUPOS ANARQUISTAS COORDENADOS. "Contra a democracia". 2013. Disponível online.

HARDT, Michael e NEGRI, Antonio. *Declaração – Isto não é um manifesto*. São Paulo: n-1 edições, 2016.

HOBSBAWM, Eric. *Rebeldes primitivos*. Barcelona: Ariel, 1983.

_____. *Revolucionários: ensaios contemporâneos*. Paz e Terra: São Paulo, 2003.

JOURDAN, Camila. *2013: Memórias e resistências*. Prefácio de Edson Passetti. Rio de Janeiro: Circuito, 2018. (Coleção Ataque)

JOYEUX, Maurice. *Autogestão, gestão direta, gestão operária*. São Paulo: Imaginário, 2003.

JUDENSNAIDER, Elena; LIMA, Luciana; POMAR, Marcelo; ORTELLADO, Pablo. *Vinte centavos: a luta contra o aumento*. São Paulo: Veneta, 2013.

BIBLIOGRAFIA

LENIN, Vladimir. "Esquerdismo, doença infantil do comunismo". Disponível online.

_____. *O Estado e a Revolução*. São Paulo: Boitempo, 2017.

LOPREATO, Christina da Silva Roquette. *O espírito da revolta: a greve geral anarquista de 1917*. São Paulo: Annablume, 2000.

LÖWY, Michel e BESANCENOT, Olivier. *Afinidades revolucionárias – Nossas estrelas vermelhas e negras: por uma solidariedade entre marxistas e libertários*. São Paulo: UNESP, 2016.

MALATESTA, Errico. *Anarquismo e anarquia*. São Paulo: Faísca Publicações Libertárias, 2009.

_____. "Carta a Nestor Makhno", 1929. Disponível online.

_____. "Democracia e anarquismo". Publicado originalmente em 1924. Disponível online.

MARX, Karl. *Miséria da filosofia*. São Paulo: Boitempo, 2017.

MARX, Karl e ENGELS, Friedrich. "Manifesto do Partido Comunista". In: OBRAS ESCOLHIDAS 1. São Paulo: Editora Alfa-Omega, s/ d.

OITICICA, José. "Ação direta". In: VERVE – Revista semestral do NU-SOL. PEPG em Ciências Sociais, PUC-SP, n. 30. São Paulo, 2016.

OLMEDA, Alfredo. *Del Apoyo Mutuo A La Solidaridad Neoliberal – ONG, movimientos sociales y ajuda en la sociedade contemporánea*. Madrid: La Neurosis o Las Barricadas Ed., 2017.

ORGANIZAÇÃO ANARQUISTA SOCIALISMO LIBERTÁRIO. *Anarquismo especifista e poder popular*. São Paulo, 2011

PASSETTI, Edson. "Jornadas de junho: o insuportável". 2013a. Disponível online.

_____. "Transformações da Biopolítica e emergência da Ecopolítica". In: *Ecopolítica*, 2013b. Disponível online.

PASSETTI, Edson e AUGUSTO, Acácio. "Para dar um fim aos sábios juízos! Conversação com anarquistas de ontem e de hoje". In: UTOPIA – Revista anarquista de cultura e intervenção, n. 27–28, pp. 73–76. Lisboa, 2009.

PASSETTI, Edson e RESENDE, Paulo-Edgar A. "Proudhon: aqui começa o anarquismo". In: PROUDHON. Coleção Grandes Cientistas Sociais 56. Org. PASSETTI e RESENDE. São Paulo: Ática, 1986. pp. 7–30.

PROUDHON, Pierre-Joseph. "Desenvolvimento da ideia operária: sistema comunista ou de Luxemburgo". In: PROUDHON. Coleção Grandes Cientistas Sociais 56. Org. PASSETTI e RESENDE. São Paulo: Editora Ática, 1986. pp. 109–116.

_____. "Ideia geral da Revolução no século XIX". In: VERVE – Revista semestral do NU-SOL. PEPG em Ciências Sociais, PUC-SP. 2003, n. 3, pp. 10.

_____. "A Guerra e a Paz". In: VERVE – Revista semestral do NU-SOL. PEPG em Ciências Sociais, PUC-SP, n. 19. São Paulo, 2011.

ROTE OPERAIA. "Notas sobre a autonomia operária na Itália". (2000). Disponível online.

ROCKER, Rudolf. *Os sovietes traídos pelos bolcheviques*. São Paulo: Hedra, 2007.

SMUCKER, Matthew e SHAN @#OCCUPY. "Somos todos líderes". In: *Bela baderna – ferramentas para a revolução*. Org. BOYD e MITCHELL. São Paulo: Ideal, 2013.

SOLANO, Esther; ORTELLADO, Pablo; MORETTO, Marcio. *2016: o ano da polarização*. São Paulo: Fundação Friedrich-Ebert-Stiftung (FES), 2017.

TARÌ, Marcello. *Um piano nas barricadas*. Antipática: Lisboa, 2013.

TRAGTENBERG, Maurício. *Marxismo heterodoxo*. São Paulo: Brasiliense, 1981.

Posfácio
A revolta contra a ordem à esquerda e à direita

FACÇÃO FICTÍCIA

Vivemos um tempo no qual parte da esquerda, especialmente a ala sob as asas do Partido dos Trabalhadores (PT), encontra sempre um espaço para atacar a memória das lutas sociais de junho de 2013, bem como as movimentações que lhe antecederam e as que vieram em seguida. Mesmo quando a prioridade poderia ser o combate à extrema-direita que ganha fôlego sob um governo miliciano, vários preferem alimentar teorias conspiratórias que buscam invalidar e silenciar a revolta popular. A democracia está perdendo o que restava de seu verniz "humanizado" aplicado pelos últimos anos de governos de esquerda, agora que segue sob uma gestão que flerta abertamente com o autoritarismo, que tem mais militares em ministérios desde o fim da ditadura, que joga com a vida das pessoas durante a maior pandemia do século como um adolescente "troll" brinca na internet, enquanto centenas de milhares de pessoas perdem a vida sufocadas em hospitais lotados.

É sempre assustador termos que argumentar com grupos que acreditam que os levantes de 2013 foram os responsáveis pela escalada conservadora que levou ao impeachment de Dilma Rousseff em 2016 e, dois anos depois, elegeu Bolsonaro. Ao fazer isso, tentam garantir que qualquer ação política fora de sua gestão eleitoral/estatal seja suprimida e sugerem que, na era PT, o povo brasileiro viveu uma plena superação do capitalismo, com igualdade para todas e fim da opressão — como se os bancos não tivessem produzido lucros recordes, como se a reforma agrária não tivesse sido paralisada, os movimentos sociais neutralizados ou cooptados e a população carcerária aumentado vertiginosamente em 620%.

A frágil pacificação trazida pela conciliação de classes, um tipo de neodesenvolvimentismo com grandes obras e megaeventos, a inclusão parcial dos mais pobres pelo consumo e o acesso à formação e estudos para um mercado incapaz de absorver novos profissionais foram partes de falsas promessas que o PT e todo governo de esquerda latino-americano proferiu na última década. Todos falharam em encontrar, ou ao menos caminhar, rumo a uma saída permanente aos desastres promovidos pelo assim chamado "neoliberalismo", que tornam a cada dia a vida ainda mais insuportável no capitalismo. Mas, como já afirmamos, sabemos que o PT prefere fazer autocríticas apenas quando esteve próximo de estar certo — como quando Lula voltou atrás e alegou se arrepender de ter dado asilo ao prisioneiro e ex-guerrilheiro italiano Cesare Basttisti. Não esperamos qualquer leitura sincera que reconheça falhas de quem prefere crer que junho de 2013 foi uma "revolução colorida" orquestrada pela CIA para desestabilizar um "governo à esquerda".

Relembrar nossas lutas, nossos mortos, nossas pequenas vitórias, nossos erros, limites e derrotas é um processo importante. A luta pelo fim do Estado e do capitalismo não é uma guerra de uma única batalha. Tampouco segue a narrativa triunfante e messiânica pela qual a esquerda gosta de se enamorar, onde nossas lutas seguirão um crescente em que cada batalha leva a vitórias cada vez maiores rumo à batalha derradeira, redentora, e um futuro revolucionário final de sentido teleológico. Refluxos e reações devem ser levados em conta — mesmo quando sistemas inteiros são derrubados. E as rebeliões, quando não avançam ou quando não conseguem bloquear a reação conservadora que em geral as segue, podem deixar no chão as armas que fascistas e a direita em geral vão usar contra nós. Mas isso não é um privilégio de 2013, é uma constante histórica que observamos ao longo do século XX, desde a ascensão do nazifascismo na Europa, que se apropriou de símbolos, linguagens e formas de ação da esquerda. Por isso não devemos nos deslumbrar.

Como afirmamos ainda no calor de 2013: "Toda geração tende a compartilhar a inocente sensação que será a protagonista de um momento histórico e revolucionário importante. Mas é só esperar o tempo passar e perguntar à geração anterior para constatar que esse sentimento é comum a todas as pessoas que lutaram para mudar radicalmente a realidade que lhes foi imposta. E que logo esse sentimento é substituído pela sensação de que o que nos resta é fazer o que achamos correto e coerente, na esperança de que isto um dia contribua de alguma forma para que aquelas gerações que, num futuro remoto, vão cumprir nossos sonhos de abalar ou destruir os pilares desse mundo opressor." (Balaklava, *facção fictícia*, 2014, p. 65).

Assim como nosso texto acima, este livro em suas mãos foi escrito e composto por várias mãos que estiveram por trás das barricadas levantadas e pelas nuvens de fumaça e gás lacrimogêneo. Sua proposta é manter viva a memória sobre os acontecimentos ocorridos em 2013, que mudaram tanto o cenário do que se convém chamar de "macropolítica nacional" quanto a história dos movimentos sociais e das insurreições, especialmente sobre a relevância e a potência de movimentos autonomistas e anticapitalistas.

Os movimentos autônomos, como o Movimento Passe Livre (MPL), trouxeram a Junho de 2013 sua bagagem de conhecimento e as aspirações dos movimentos antiglobalização da década anterior. Em Belo Horizonte a atuação da Assembleia Popular Horizontal (APH), iniciativa de anarquistas e autonomistas, conseguiu agrupar vários setores da esquerda conjugando um modo de organização horizontal, aberto e múltiplo com ações diretas, como os protestos contra a Copa das Confederações e a ocupação da Câmara Municipal para que a tarifa do ônibus abaixasse. Em Fortaleza, a luta de preservação do Parque do Cocó, reuniu anarquistas, autonomistas, ambientalistas e demais grupos que ocuparam o parque a fim de evitar a construção de um viaduto. Podemos citar também a Frente de Luta do Transporte Público em Goiânia, que desde maio de 2013 já lutava contra o aumento das passagens na cidade e na região metropolitana. A vitoriosa Greve dos Garis do Rio de Janeiro em 2014, organizada de maneira selvagem e para além dos sindicatos foi fortemente influenciada por junho. Um ano depois, em 2015, a forma de ação autônoma, descentralizada, horizontal e voltada para redes e federações foi influência determinante para o movimento nacional de ocupações de centenas de escolas e universidades, primeiro contra o governo de Geraldo Alckmin (PSDB) em São Paulo e logo contra cortes em cultura e educação pela gestão de Michel Temer (MDB).

A transmissão das consciências de luta, do imbricamento entre o que se convencionou chamar de estratégias e táticas, indistinção entre meios e fins, é munição para novos movimentos. Elas explicitam que a revolta no território dominado pelo Estado brasileiro foi muito maior do que grande parte das análises sobre esse acontecimento querem nos fazer crer. Junho de 2013 e seus desdobramentos foram múltiplos, um movimento que levou milhões para rua (dados oficiais apontam que no dia 20 de junho de 2013 entre 1,25 milhão e 1,55 milhão de pessoas estiveram nas ruas em 130 cidades) com diversos protestos em capitais, grandes e minúsculas cidades, protestos que possivelmente ainda não sabemos. Apesar dessa enorme dimensão que abrangeu diferentes regiões, as análises quase sempre reduzem esse momento insurrecional ao que aconteceu em São Paulo e seus desdobramentos.

Frente a isso, entendemos que a esquerda, ao preferir teorias conspiratórias para defender sua narrativa governamental do que saudar as lutas populares por uma saída radical, se mostra, mais uma vez, reacionária e elemento central de manutenção da ordem. Defendem a lógica estatal, a lei e a ordem, o pacto social e o amortecimento da luta de classes e da guerra social. Assim como se identificam com a lógica da propriedade privada e estatal a ponto de se colocarem entre as multidões e as fachadas dos bancos, se colocam, apaixonados pela governança, entre a crítica radical ao Estado e ao Capital e os anos de governo petista. Atuam como pacifistas em defesa dos lucros dos bancos e suas janelas, culpam a revolta pela repressão que encarcera, aleija e mata. Era dessa forma quando culpavam *black blocs* pela violência das tropas de choque, e permanece ainda quando culpam anarquistas e demais radicais pelo impeachment de Dilma Rousseff ou pela eleição de Jair Bolsonaro. Nessa lógica, a resposta para uma vida de miséria ou opressão é oferecer ainda mais obediência e passividade. Como se famintos fossem culpados por se revoltarem contra a miséria ou pessoas nas prisões tivessem culpa em se rebelar contra o encarceramento.

Pudemos ver versões dessa racionalidade pela ordem quando, no meio da pandemia da Covid-19, mais especificamente em 2020, partidos e figuras públicas disseram que não participariam dos protestos convocados por torcidas de futebol e movimentos antifascistas para não "justificar ainda mais repressão" ou "não dar motivos para um golpe" (ou autogolpe?) de Bolsonaro. Não podemos esquecer quando dirigentes de movimentos de esquerda se sentaram à mesa com organizações de extrema-direita e com a própria polícia militar para frear as mobilizações, chegando ao ponto de acordarem um rodízio democrático (sic) das ruas, permitindo, assim, que os fascistas desfilassem tranquilamente pela Avenida Paulista, em São Paulo, uma das vias mais emblemáticas do continente.

Por isso, livros como esse são importantes para lembrar que a repressão das Operações de Pacificação, a integração das polícias, atos de Garantia da Lei da Ordem, o uso das Forças Armadas para policiar cidadão e eliminar "inimigos internos" ou "ameaças terroristas" são dispositivos autoritários de qualquer democracia. E apesar dos governos de esquerda tentarem colar um discurso de que são diferentes, na primeira oportunidade lançam mão dos mesmos dispositivos, isso quando não criam novos que serão usados mais adiante. Toda a estrutura estatal e de repressão policial montada para garantir os Mega Eventos e suprimir a dissidência ganharam um tom de legitimidade sob os governos petistas e foram herdados por Temer e Bolsonaro para que continuem a ser usados contra pobres, minorias e movimentos radicais com ainda mais letalidade.

Porém, se é a crítica e autocrítica que buscamos, não faltam análises firmes sobre os enganos de outros partidos, da esquerda que se diz radical, de intelectuais pretensamente revolucionários e, claro, do próprio movimento anarquista e seus tropeços quando é hora de estimular a autodeterminação das pessoas e seus movimentos, sem buscar uma unidade. É necessário manter o olhar crítico de nossos esforços, especialmente quando a direita se mostra ainda mais eficiente em capturar a imagem de "revolta antissistêmica", "anti-establishment", enquanto a esquerda é capaz apenas de olhar para o passado e tentar resgatar a tradição petista. Sonha-se com a volta Lula e/ou seus discípulos, com a tentativa de repetir a experiência petista da década de 1980 e suas propostas de "ocupar a política e as eleições", ou com suas atualizações (mandados coletivos), onde a falência da democracia burguesa deixa de ser enfrentada para ser revigorada pela reintrodução da "legitimidade" que a limitada participação popular pode lhe dar.

Resgatar o espírito de 2013 é presentificar no aqui e agora a força das lutas de quem não quer governar ou ser governado. Para além do saudosismo barato, para além das celebrações que só fazem integrar, mistificar e apaziguar os conflitos e contradições daqueles que se dispõem a lutar, sair da frente de suas telas, saírem de suas casas, descerem de seus ônibus lotados, dos seus trabalhos de merda. Os recente levantes no Chile contra os experimentos neoliberais da ditadura e a estrutura autoritária que seu governo ainda mantém, sobretudo no massacre aos povo Mapuche ao sul daquele território; em Hong Kong contra o imperialismo chinês; e nos EUA contra a violência racista inerente à atividade policial, a revolta radical e generalizada que queimou delegacias, igrejas, viaturas, prédios e promoveu o acesso a recursos pelo saque e expropriação, criou zonas inteiras onde a polícia foi expulsa e comunas se formaram, dando exemplos que nos mostram que quem luta por mudanças não luta por controle e unidade fixa, mas pela coordenação da rebelião e a liberdade generalizadas.

Se por um lado não há como discutir que 2013 foi uma enorme vitória: aumento da passagem de ônibus barrado em centenas de cidades, crítica prática aos megaeventos da FIFA, ocupação de diversos espaços, greves selvagens, disseminação e multiplicação das ações diretas anarquistas, aparições de *black blocs* nas ruas, movimentos autônomos emergindo cada vez mais... por outro lado fomos derrotados, por agora não estarmos mais nas ruas com a potência que já estivemos, pelas perseguições policiais/políticas que ainda passamos, pelas relações que foram desfeitas e pelo fascismo que cresceu, por não conseguirmos avançar e ampliar nossas ações, mobilizações e organizações depois de um ciclo tão importante de fortalecimento das lutas. Sabemos também que a insurreição não pode ser simplesmente medida com quem ganha ou perde, pois não há fim de partida, há um agonismo permanente de lutas que não cessam. A fresta que se abriu e fechou rapidamente não é um ciclo encerrado para sempre, até porque como diziam no calor dos protestos: "não começou em 2013 e não vai terminar na Copa", não é mesmo?! Por isso a importância de retomar Junho de 2013 não como um passado perdido, uma nostalgia ou um fantasma que nos assombra, mas para nos lembrarmos permanentemente que se insurgir não é uma mera opção, uma simples preferência, é lançar-se em uma luta pela vida, é lutar pela alegria e pelo prazer no aqui e no agora. É a força que nos permite viver no presente uma outra vida, sem nos mortificarmos esperando um futuro melhor. Nos vemos nas ruas!

Adverte-se aos curiosos que se imprimiu este livro na gráfica Meta Brasil, em 4 de maio de 2023em papel pólen soft, em tipologia Minion Pro, com diversos sofwares livres, entre eles, LuaLaTeX, git.
(v. 5ae0ca8)